满手的好事

星云大师的人生锦囊

星云大师·著

现代出版社
MODERN PRESS

图字01-2007-2801

图书在版编目（CIP）数据

满手的好事：星云大师的人生锦囊/星云大师著.
—北京：现代出版社，2010.8
ISBN 978-7-80244-802-5

Ⅰ.①满… Ⅱ.①星… Ⅲ.①佛教—人生哲学—通俗读物 Ⅳ.①B948-49

中国版本图书馆CIP数据核字（2010）第138539号

本书版权由“上海大觉文化传播有限公司”授权

作　　者　星云大师
责任编辑　张　晶
策划编辑　一恒盛辉
特约编辑　程军川
装帧设计　利　锐
出版发行　现代出版社
地　　址　北京市安定门外安华里504号
邮政编码　100011
电　　话　（010）64267325
传　　真　（010）64245264
电子邮箱　xiandai@cnpitc.com.cn
网　　址　www.xiandaibook.com
印　　刷　三河市鑫金马印装有限公司
开　　本　787×1092　1/16
印　　张　15
版　　次　2010年10月第1版　2010年10月第1次印刷
书　　号　ISBN 978-7-80244-802-5
定　　价　32.80元

·目录·

卷一 人生幸福的增进

一般人喜欢偷闲，其实偷闲是苦，忙才会快乐。有人常问我："这么多年不见了，您怎么一点也没有老呢？"我回答："我很忙，没有时间老啊！"因为忙得很快乐，忙得乐以忘忧，所以不知老之将至也。

卷二 在社会舞台上

世间万法皆由众缘和合而成，人活着不可能单独存在，必须仰赖社会大众、亲人眷属的共同成就。所以每个人不管在工作上，或是日常生活中，每天都会和很多人来往、接触。那么我们应该如何与人相处，如何对待别人，才能获得和谐的人际关系呢？

卷三　美化每一个人的心

每个人从小到大，父母养育我们，师长教育我们，社会供应我们，我们每天都在接受。我们要如何回馈我们的父母、师长、社会大众呢？首先要懂得感恩，有了感恩心，就会发愤图强，做个有益社会大众的人。

卷四 以菩提禅净治心

世上的好好坏坏没有一定的标准，我的心好，看世间都是美好的；心不好，贪欲炽染看世间就不好。所谓“三界唯心，万法唯识”，一切的境界，可以随我们的心识而转变。世界上所有众生若干种心，如来皆悉知悉见。

卷五　自度与度人

佛教是幸福的宗教，是快乐的宗教，是喜悦的宗教。有时候佛教所以讲烦恼，讲痛苦，就是要你知解之后离开烦恼，离开痛苦，才能快乐，才能喜悦。佛教有大乘、小乘之分，简单地说，小乘是自度，大乘是度人的。

卷 一

人生幸福的增进

一般人喜欢偷闲，其实偷闲是苦，忙才会快乐。有人常问我："这么多年不见了，您怎么一点也没有老呢？"我回答："我很忙，没有时间老啊！"因为忙得很快乐，忙得乐以忘忧，所以不知老之将至也。

幸福的人生

我们都想过幸福快乐的生活，可是幸福快乐不是光想就有，我们必须建立一种正确的人生观，才能享受到幸福快乐。如何增进人生的幸福呢？

一、不比较、不计较的平等观。有些人很喜欢拿自己和别人作比较，诸如：我有痛苦，为何你没有？为何你这么好？为何我如此差呢？一有了比较、计较的心，就会造成心理上的不平衡与烦恼。凡事不与人比较、计较，就好像“你骑马来我骑驴，看看眼前我不如；回头一看推车汉，比上不足下有余”。有这种平等心、满足感，就不会痛苦了。

二、不怨天、不尤人的因果观。我们经常因为一件事情做错了，就怨天尤人，怪家里的眷属不支持，怪世间的亲朋好友不帮忙。如果能有不怨天、不尤人的因果观，一切都是自作自受，就可心安理得了。

三、不侵犯、不推诿的道德观。就是对人要不侵犯，对事要不推诿。因为侵犯他人就是犯戒，也就是给人不自由；推诿就是不负责任，就是不敢承担。

四、不贪求、不嗔怒的修养观。我们要把贪求的心改成一种善法欲，也就是好的欲望。譬如发愤读书、发心做善事，而不是贪求一些毫无意义的事情，更不可以嗔恨破坏自己的修养。

五、不自卑、不懊丧的战斗观。人生宛如一个战场，遇事无须自卑与懊丧，要勇往直前，要当仁不让。

六、不邪见、不妄动的禅定观。要培养自主、自尊与自信的性格；面对问题要以智慧来判断，要能“以静制动”，也就是“如如不动”的禅定观。

快乐的人生

大家都有一个共同的心理，即希望生活快乐。快乐是人人一致的希望，但实际上并不是人人都能享有幸福快乐的人生。我们如何才会快乐？我提供以下四点意见：

一、以舍为有。有的人整天妄想、贪求，这样的人生不会快乐；相反的，懂得喜舍的人生，快乐无穷。“舍”并不是完全给人，而是一种结缘，例如，我专心听你讲话，就是与你结缘；帮你做一件事情，给你一些助力，给你一个微笑，给你一个注目礼，都是结缘。所以，表面上看起来你是在给人，其实是在播种福田。能够舍的人表示自己很富有，因为你内心有感恩、有满足，你才肯舍，才肯给人。心中有好话，才能说好话；心中有微笑，脸上才有笑容，所以“以舍为有”，才会快乐。

二、以忙为乐。一般人喜欢偷闲，其实偷闲是苦，忙才会快乐。有人常问我：“这么多年不见了，您怎么一点也没有老呢？”我回答：“我很忙，没有时间老啊！”因为忙得很快乐，忙得乐以忘忧，所以不知老之将至也。

三、以勤为富。一般人都希望自己发财，其实勤劳就是一种财富；不勤劳，即使拥有万贯家财，也会坐吃山空，所以要以勤为富。

四、以忍为力。佛祖之所以是佛祖，因为他“难忍能忍，难行能行”。所谓“三祇修福慧，百劫种相好”，一个人能够忍，就有力量。所以我们要能忍苦、忍难、忍饥、忍饿、忍早、忍晚，要“以忍为力”，一忍万事成。

如何圆满人生

每逢过年期间，最常见到一般人家门口贴着一副春联——

“天增岁月人增寿，春满乾坤福满门”。“春满乾坤”跟我们有什么关系？我们要用什么来圆满自己呢？圆满人生的方法有四点：

一、满口的好话。人与人来往相处，必须靠语言来沟通，假如我们每天见到人都能满口的好话，经常把“你好”、“你早”、“谢谢你”、“对不起”挂在嘴边，必能获得许多的友谊。就像我们到美国观光，看到美国人彼此见面，不管认识不认识，一见面就说：“哈罗！”“你好吗？”对方听了自然也很欢喜。所以，人与人之间如果能够“相逢说好话”，必能和谐无纷争。

二、满手的好事。每个人天生有一双手，手是用来做什么的呢？手是给我们做好事用的。比方说，我是个读书人，我把书读好，把字写好；我是个音乐家，我把琴弹好；我是个画家，我把画画好；我是个家庭主妇，我把菜煮好；我是个公务员，我把事办好。能够做好本分的事而有益于大众，这就是好事；千万不要像强盗小偷，把手用来为非作歹，最后才来感叹自己“满手的血腥”，徒然后悔莫及。所以我们要满手的好事，才能圆满人生。

三、满面的微笑。世界上最美的东西是什么呢？就是微笑。一个微笑，比什么色彩都要好看，如果人和人见面，都能面带微笑，这个世界必然多彩多姿，必能令人时时沐浴在春风里。

四、满心的欢喜。世间上最宝贵的，不是金钱，不是名位，而是满心的欢喜。不仅自己内心有无限的欢喜，还能把欢喜散播给别人，能够让欢喜布满人间，这才是最圆满的人生。

自由自在的人生

人生在世，短短数十寒暑，如何让自己活得自由自在，这是非常重要的。有的人有钱有势，有名有位，乃至儿孙满堂，却活得不自在，这样的人生没有幸福可言；人生要活得很自在，才会幸福。

观世音菩萨有一个名号叫“观自在”，因为他能观人自在、观事自在、观境自在。所以，我们要像观世音菩萨，时时观照自己，看看自己观人自在不自在、观事自在不自在、观境自在不自在。时时观照自己的心，看心自在不自在。能够一一观照以后，都觉得很自在，这就是幸福的人生。

如何才能自由自在呢？我有四点意见贡献给大家：

一、学习吃亏。吃亏就是占便宜，现在的人什么都吃，就是不肯吃亏。一个人如果肯吃亏的话，别人必然乐于跟他在一起；如果处处都想占别人的便宜，即使再好的朋友也会远离，所以我们应该学习吃亏。

二、人我互调。有时我们遇到困难，心里起了烦恼，或是看哪个人不顺眼，这时不妨把人我立场对调一下，想一想，如果我是他，如果他是我，立场互换，看法就不同了。所以人我互调，是自由自在的心法。

三、当然如此。假如你吃亏了、受苦了、受难了，要把它想成是当然的。事实上做事、做人本来就很难，又何必不平、不满呢？凡事想当然尔，就不会有怨怪别人的心，没有责怪、怨天尤人的心，这时就会自在了。

四、享有就好。在这个世间上，我们不可能样样东西都拥有，但是我们可以有“享有”的心。譬如，别人建造房子，我们总可以在走廊避雨；公园是大众的，我散步就好了。如果能以“享有”代替“拥有”，就是世上最富有的人。

做什么样的人

孔子说：“见贤思齐，见不贤而内自省！”做人，应该为自己树立学习的榜样，同时也应该把自己塑造成别人效法的模范。

如何让自己成圣成贤呢？我有六点意见：

一、要像一面镜子，自我观照。一般人都只看得到别人的错误，却看不到自己的缺点，因此需要一面镜子，从镜子里透视自己，观照自己，改进自己。

二、要像一只皮箱，提放自如。皮箱在我们有用时，就将它提起，不用时就把它放下。倘若不用皮箱时，你仍然把它提在手上，便是累赘；反之，要用时，没有皮箱，就会有不便之处。所以我们做人要像皮箱一样，能够提得起放得下。提所当提，放所当放，提放自如。

三、要像一支彩笔，彩绘人生。彩笔可以画出美丽的山水、动人的图案；我们做人也要像一支彩笔，彩绘出自己五彩缤纷的美好人生。

四、要像一本簿子，记录功过。簿子是拿来记事用的。做人也要像一本簿子，要把自己的功过一一记录下来，作为自我的勉励与警惕。

五、要像一根蜡烛，照亮别人。一个人绝不可以自私自利，要经常设身处地地为别人着想。要如同蜡烛一般“燃烧自己，照亮别人”，这就是“我为人人，人人为我”的人生哲学。

六、要像一个时钟，珍惜生命。时钟从一到十二，每天循序渐进、循规蹈矩地运转，从不会恣意地由一点跳到五点；也不会永远停留在某一刻，它很公平地给每个人一天二十四小时，一旦过去了就不再回头。所以它启示我们，要及时把握时间，要让自己的生命作充分的发挥。

现代人的新形象

在现代的社会中，一个人的形象好坏，关系着自己前途、事业的成就。所以我们每一个人要维护自己的形象，要让别人一听到自己的名字，就想：这个人很讲信用，这个人很有能力，这个人很忠贞，这个人很有道德。要树立这样的形象，应该具备什么样的性格呢？

一、要融和尊重。人与人相处要能融和，不要太偏执、太自我、太傲慢，要尊重别人、恭敬别人，能与人相互尊重融和，你的形象才会好。

二、要团结包容。社会不是一个人的，社会是大家的，是人人共有的。所以我们和人相处，必须跟大众团结，不能强求别人完全采纳自己的意见。对于见解和我不一样，方法和我不一样，甚至语言不一样、地域不一样、年龄不一样的人，我都能包容，所谓“有容乃大”，能包容别人，表示自己高人一等，必能赢得别人的信服。

三、要互赞互助。在社会上如果要想有前途，要想受人尊重，必须先赞美别人，帮助别人。你肯赞美别人，人家才会赞美你；你能帮助别人，别人才会帮助你。所以能经常赞美别人、帮助别人的人，他的形象必定很好。

四、要乐观进取。人不能天天板着面孔，或每天忧愁满面的，因为没有人愿意跟一个每天烦恼的人在一起。除此之外，也不能天天说泄气的话，消极悲观，因为也没有人愿意跟一个不上进的人生活在一起。所以我们留给别人的印象，必须是乐观进取的，这样别人才会重视你。

四等人

人本来没有等级之分，都是平等的。每一个人只要奉公守法，都有机会成圣成贤、出将入相，有一番的作为，因为“法律之前人人平等”。但是，人性、人格平等，因为每个人的作为有所不同，而有不同的等级。我把人分成四等：

一、上等人，普利国家社会。什么是上等人呢？上等人胸怀国家社会，他的心中只有国家，只有社会，只有大众。他把国家社会的利益建立在自己之上，所以宁可自己受委屈，自己受苦，只要能利益国家社会就好了。历代的圣贤豪杰，他们杀身成仁、舍生取义的精神，他们普利国家社会的慈悲心，就是上等人的代表。

二、中等人，欣赏师友成就。什么是中等人呢？中等人对于老师、朋友、亲戚、长官的成就，能引以为荣，并愿意跟他学习，愿意追随他，愿意为他服务。所以，对于圣贤所行所为，不嫉妒、不障碍，而欣赏尊敬，能够如此，就是中等人。

三、下等人，利用亲友影响。下等人善于利用亲友的影响力，自己不想创造，不思有所作为，只是利用亲友的地位、势力、经济，以求有益于自己。下等人最爱贪图小便宜，不过，还不算是很坏，最坏的是第四等人。

四、不等人，嫉妒他人成就。所谓不等人就是进不了上、中、下等的人，也就是不上等的人。什么叫不上等的人呢？就是嫉妒他人所有，每天对别人都存着一种猜疑、嫉妒的心。看到人家拥有了，他就心里难过；看到人家发财了，他就不喜欢；看到人家升官，他也不高兴；看到人家得到利益，他心里更不是滋味。由于他不能随喜分享，因此有种种的障碍、种种的破坏，这种不等人，应该是最低下的层次。

快乐之道

追求快乐，是一般人生活中最重要的目标。一个人如果拥有财富、健康，乃至儿女成群、子孙满堂，却独缺快乐，生命将失去意义。所以拥有快乐，可以说是人生最美好的事情。如何拥有快乐？

一、不要把烦恼带到床上。任何人都有烦恼，但是千万不要把烦恼带到床上，因为这样只会徒使自己辗转反侧，彻夜难眠，并不能解决烦恼。白天纵有不满意的人事困扰，到了睡觉的时候，要把它放下，不要带到床上。上了床，就要好好地、安安静静地睡觉，睡眠充足，身体健康，快乐就会随之而来。

二、不要把怨恨留到明天。人和人之间，总会有一些芥蒂、不满意，但不要把今天的仇恨留到明天，甚至牢记在心，耿耿于怀。佛经上说出家人“无隔宿之仇”，也就是说不要留滞任何仇恨在心中。一个人如果心中充满仇恨，不但交不到好朋友，也感受不到人生的乐趣。

三、不要让爱心纵容邪恶。邪恶是不正当的，如果你用爱心去包容邪恶，那就铸成大错了。

四、不要把慈悲施与非法。我们对人要慈悲，指的是对正当的人、正当的事情要慈悲。至于对非法的人、非法的事则不能纵容，不能施与慈悲，否则就失去了慈悲的意义。慈悲要有智慧，要能分辨是非、好坏，才是真慈悲。

如何使自己进步

人生是一连串永无止境的学习，如何才能让自己不断进步？我有四点意见：

一、改心。人的心“一念三千”，时而天堂，时而地狱。我们的心，每天在天堂地狱之间来回不定。如果我们希望自己永远活在天堂里，应该把不好的心改正过来，把自私心改成公德心，把邪恶心改成善良心，把嗔恨心改成慈悲心。唯有不断地改心，心好了，人才会好。

二、换性。换性，就是改变我们的性格。譬如把懒惰的性格换成勤劳的性格，把迷糊的性格换成精明的性格，把贪婪的性格换成喜舍的性格，把傲慢的性格换成谦虚的性格。我们能不断地换性格，性格就会好。“江山易改，本性难移”，其实只要我们有心，所谓“天下无难事，只怕有心人”，只要我们有心改变，还是可以把性格改好的。

三、回头。一个人如果不知道回头，这是很危险的。比方说，你迷失在金钱里，一心只为了赚钱，很可能因此道德沦丧，甚至逾越了法律的规范。有的人谈情说爱，却不合常伦，是一种不正当的爱情，如果不知悬崖勒马、及早回头，可能铸成大错。世人经常为了功名，为了事业，汲汲营营，不知道回头，因此误入歧途而赔上一生的幸福。所以要懂得回头。

四、转身。也就是要给自己留一点空间，让自己有个转身的余地。有的人不懂得给自己一点转圜的空间，给自己留个后路，甚至因此走上绝路。所以我们要给自己留个转身的余地。

行为的结果

一般人在生活中遇到不如意、不幸的遭遇时，往往会说：“唉！这是我的业障！”当某人遭到报应时，也都归咎于业报。“业”，在佛学里是一门非常高深微妙的道理，它说明世上的一切果报都是自作自受。“业”是自由的，“业”的真义是行为决定一切善恶果报。所以“业”的定义有四点：

一、自力创造，不由神力。业是我们自己的行为造作，一个人遭遇的幸与不幸，都是自作自受，由自己身、口、意三业所造作的行为决定，而不是由神力所操纵主宰。

二、机会均等，绝无特殊。所谓“法律之前，人人平等”，在业力的前面，人人机会均等，绝无特权，没有谁可以幸免于业报，也没有人因为身份特殊而享有优惠的待遇。

三、前途光明，希望无穷。人的一生都活在业力当中，业，就如同我们背负的债务，只要业报受完了，就可“无债一身轻”。因此只要能“随缘消旧业，切莫造新殃”，终有解脱的一天。所以，业，不是无奈的，它为我们的前途带来希望，带来光明。

四、善恶因果，必定有报。无论是善业、恶业，有时是今生受报，有时是来生受报，有时要等多生以后才受报。就像种子，有的春天播种，秋天就能收成；有的今年播种，明年才能收成；有的今年播种，却须多年以后才能收成。所以说：善恶到头终有报，不是不报，只是时候未到。

十不要求

求福避祸是人的天性，一般人无不希望自己能不吃苦、不吃亏，并获得人家的爱护，甚至所有的利益都归于我；但是要求太多的人，便是自私，便是贪取。所谓“人到无求品自高”，一个人要有高尚的人格，便不能贪求过多，至少要做到十不要求。什么是“十不要求”呢？

一、不怕艰苦。俗语说：“吃得苦中苦，方为人上人。”苦，是强壮心智的良药，人要不怕吃苦，才能成功。

二、不增爱憎。爱憎心是一种分别、执取的心，是苦恼的根源。有首偈语说：“若逢知己须依分，纵遇冤家也共和；若能了此心头事，自然证得六波罗。”所以能泯灭爱憎之心，自无苦恼。

三、不望益我。不要希望凡事都对我有利益，其实只要对国家社会、团体大众有利益的事，间接地，自己也能受益，因为我也是大众中的一个。

四、不妒人有。人家富有，得到利益、发财、升官，我不嫉妒，反而欢喜地祝福他，能够随喜分享，便是富有。

五、不求顺适。不要要求凡事都顺自己的心，如自己的意，因为一个人要不怕艰难困苦，才能锻炼出坚强的体魄，才能顺应环境、因缘的要求，才能做一个顶天立地的人。

六、不失威仪。任何时刻，再怎么疲倦也不要随便躺在地上；再怎么生气，也不要显现在面孔上；再怎么愤恨不平也不要随意开口骂人，如此才能不失威仪。

七、不诿过失。有过失不要推诿给别人，更不要将功劳揽在自己身上；能够不居功塞责，才能成为一个受人敬重的仁人君子。

八、不背因果。做人做事要明因识果，一切事都有因果循环，因果不会辜负我们，我们也不可以违背因果。

九、不申冤抑。假如你受了冤枉、委屈，不必急于辩解，不必申诉，因为委屈有时反而能增加你的力量，增长你的功德。

十、不愧操守。人之所以为人，在于人有人格、操守，所以我们做事千万不要有愧良心道德，要爱惜自己的节操。

我能为世间留下什么

俗话说："人死留名，树死留皮。"人到世间来走了一趟，是否曾想过：我能为世间留下一些什么？古人有所谓的三不朽，立德、立言、立功，我们如何为世间留下永垂不朽的功德、名声呢？我有三点意见：

一、为社会留下建设、发心、奉献。所谓建设不一定是什么大工程，只要有益大众，比方种几棵树，栽一些花，造一座桥，修一条路，乃至留下一个值得纪念的凉亭、栏杆等，都是我们能为社会留下的建设，也代表我们的一份发心、一份奉献。

二、为朋友留下亲切、服务、善缘。朋友为什么要和我们交往？一定认为我有益于他，因此我们对朋友要给他一些帮助，要对他有一些影响。我能对朋友有些什么影响呢？譬如我很亲切，我肯为他服务，我留给他一些善缘，让我所交往的每一个朋友都能得到我的帮助，得到我的利益。

三、为生命留下信仰、证悟、功德。人生在世，不过数十寒暑，每个人到头终难免一死，但死的是有形的躯壳，精神是不死的，只要我有信仰，我有崇高的人格、道德，我有般若、智慧，我的生命将与天地同在，亘古长存。

如何发挥自我的潜能

每个人都有无限的潜能，就像能源藏在海底，藏在深山里，需要开发才能显现出来。当初佛陀开悟的时候曾说：大地众生皆有如来智慧德相，人人皆能成佛。人都能成佛了，还有什么不能的呢？所以每个人都有无限的潜能，只待自己开采、发挥。

如何发展我们的潜能呢？

一、肯定生命价值。我们的生命有无限的价值，我们不要以为自己只有五尺、六尺之躯，能有多少能力，能有多少作为。其实生命里面有无限的价值，即使一个小小平民百姓也能扭转乾坤，小兵有时也能立大功。所以我们要肯定自己，相信自己，可以为国家社会做出很大的贡献，为自己成就很大的事业。

二、诚实评估自己。我们自己平时应该不断地衡量自己、评估自己，看看自己能发挥多少潜能，能尽多少力量。自己不必有所保留，也不必有所顾忌，只要客观地评估自己，然后尽情地发挥自己。

三、涵养清明心境。人往往沉迷于世间物欲，迷惑于世间的情感，把自己的真心本性蒙蔽了。现在我们要清除自己心灵上的尘埃、污秽，要涵养我们清净的心灵，如此才能把自我的潜能显现出来。

四、勇于面对现实。有的人常常慨叹世态炎凉、人情冷暖，觉得很难在社会上立足，觉得现实太残酷了。其实只要我们以一颗平常心处世，只要我们把自我潜能发挥出来，只要我们做好自我的价值评估，然后勇敢地面对现实。

自我充实，自我健全

人生像一个舞台，每个人想要在人生的舞台上扮演好自己的角色，就必须不断地自我学习、自我充实。充实自己，健全自己，有下列四点：

一、知识与品德并重。有人只重视知识，忽视品德，这种知识有时会贻害社会，乃至误了自己的一生，因为这是病态的知识，是愚痴的知识。知识的“知”，上面加一个“疒”字部，就是愚“痴”。因此我们做人应该要行解并重，要知行合一，要福慧双修，甚至宁愿没有知识，也不能没有品德。

二、慈爱与威严并重。有时父亲太严肃，儿女不敢亲近他；母亲太慈爱，儿女不怕她。因此，在慈爱里要有威严，在威严里要有慈爱，慈爱和威严同等重要。

三、师教与自教并重。我们从小到大，需要父母、老师来教导，但不论是父母或老师，都无法一生一世伴随我们。所以我们自己要做自己的老师，所谓迷时师度、悟时自度，自己教育自己才是最佳途径。

四、动态与静态并重。在生活里要能动能静，平时要让自己动起来，要乐观进取，积极向前，有时也要过一种静态的生活。比方说读书、休息、写作，就是一种安闲自在的清静生活。要能动能静，动静一如，这样日子才会过得很自在、很充实。

树立自我的形象

每个人都希望留给别人良好的印象，都希望别人认为自己是一个好人，是一个正人君子，是一个很诚恳的人。个人的形象是由自己所塑造的，我们如何才能树立自我良好的形象呢？我有四点意见：

一、不要贪财、贪爱、贪嗔。一个正人君子，绝对不会贪人钱财，夺人所爱，乃至不明事理地乱发脾气。所以要让别人觉得自己是个君子，就不能贪财、贪爱、贪嗔。

二、不要自大、自怨、自叹。有些人常常会自我膨胀，觉得自己很伟大；有的人则自我怨恨，感慨时运不济，因而怨天尤人，甚至内怨眷属、外怨亲友不帮自己的忙。不管是自我膨胀，或是自怨自艾、自哀自怜，都不是一个健全而成熟的人，都很难留给别人良好的形象。

三、不要无信、无义、无耻。一个人，如果留给别人的形象是言而无信、不讲义气、不知羞耻，这种形象就很不好了。做人要避免无信、无义、无耻的毛病，才会有良好的形象。

四、不要负国、负人、负己。每个人的一生，都是在社会大众的共同成就下成长的，所以做人要有感恩心，要回馈社会，不要辜负国家对我们的栽培，社会对我们的厚爱，亲人、朋友对我们的期望，更不要对不起自己。无论是青年、少壮、老人、男女，不分公务员，还是家庭主妇，都不能辜负自己的职务、立场，不要对不起自己，这就是我们应该树立的形象。

增强自我的力量

我们不管做任何事情，一定要有力量，有力量才能推动我们前进，才能达到目标，就像机器，一定要有马达发动电力，才能转动。又如一棵幼苗，必须要有生长力，才能长成大树。

我们要办事，也要有办事的力量。力量来自我们的发心立愿，来自我们的智慧力、信仰力、道德力。如果没有力量，就什么事都办不成。所以我们要发挥自我的力量。

如何增强自我的力量？我有四点意见贡献给大家：

一、读书要有胜解力。人一定要求知，求知就要读书，读书才能知书达理。活到老，学到老，人生是一本永远读不完的书，不是只有在学生时代才读书。读书的时候，必须有胜解力，有慧巧，不读死书，不死读书，要能融会贯通，而且活用所学的知识，这样读书才有意义。

二、信仰要有坚固力。我们除了对国家、对人类、对自己的事业要有信心外，更要有坚固的信仰，信仰就是力量；一个人如果没有自信心，或是信仰不够坚定，轻易就被动摇，就表示这个人没有力量。

三、待人要有欢喜力。我们和人相处，要保持一颗欢喜心，像弥勒菩萨一样，永远笑口常开，给人亲切和善的感觉，所谓“相见都是有缘人，怎不满腔欢喜”，人和人在一起是一种缘分，要能相敬相亲，彼此欢喜。

四、做事要有休息力。我们做事情要全心投入，但是也要有适当的休息。如果日夜不眠不休，没有适当的休息，就会疲倦，长此以往，不但有碍健康，而且工作效率也会低落，造成事倍功半。所以政府制定劳动法，规定劳工每天上班几小时，保障劳工每个月要有多少天的假期，因为休息是为了走更长远的路。

如何启发聪明智慧

每个人都希望自己很聪明，有智慧，但是聪明智慧不是你想要就有，想要就能得到。怎么样才能聪明有智慧？我有六点意见：

一、提疑情，探究竟。禅宗所谓的开悟，在开悟之前，要参话头，要提起疑情，要不断地思考，不断地问“为什么”：为什么念佛就成佛？为什么我要悟道？世界为什么存在？佛祖为什么降生人间？不断地探究“为什么”，能促使我们凡事多想。吃饭的时候想为什么要吃饭，睡觉的时候自问为什么要睡觉，每天多问自己几个为什么，就能触发自己的思想。能够多多提起疑情，多多思考，自然能得聪明智慧。

二、重估定，明事理。我们不要人云亦云，不要随波逐流，要重新估定人间的价值。人是怎么样的、事是怎么样的、理是怎么样的，一定要有自己的见解、自己的看法，能够重新估定价值，就不会重蹈前人的覆辙。

三、大胆想，小心做。胡适之先生曾说：“大胆的假设，小心的求证。”我们要大胆地思考，要广泛地收集资料，对事物的看法要扩大，但是做事要按部就班，要小心谨慎地做。

四、入法海，多思考。我们要把自己融入到真理的法海里，进入到知识、常识的世界里，多多地思想，多多地考虑。

从听闻、思想、修证中求智慧。

五、去我执，求进步。我执太重的人不容易进步，因为不能接受、不能容纳别人的意见，就会自我设限，也就没有聪明智慧。

六、有恒心，发愿力。聪明智慧不是一夕可得的。要有恒心，要有愿力，要能锲而不舍，肯下功夫，自然就能获得聪明智慧了。

如何靠自己

一般人都是心向外求，一心只希望别人帮我，只要求国家给我，要求社会大众给我。一切靠别人、靠亲友、靠社会、靠国家，自己内心没有一点力量，一旦失去外在的支助就丧失前进的力量，这太脆弱了。所以人还是要靠自己，自己才是最可靠的朋友。如何靠自己，健全自己？

一、要自我肯定。一个人如果连自己都不能肯定自己的道德、自己的学问、自己的能力、自己的发心、自己的慈悲，又怎能期望别人信任、肯定自己？

二、要自我尊重。君子不重则不威，自重以后别人才会尊重我们。例如，说话要说有分量的话，做事要做对人有益的事，才会赢得别人的尊重。

三、要自我自在。现在的人，常因别人一句话、一个脸色就坐立不安，困扰不已。佛教中有“一屁打过江”的故事，是说唐宋古文八大家之一的苏东坡，自以为自己参禅的境界已经到达“八风吹不动”，没想到却被佛印禅师一屁就打过江，所以我们要自我自在，不要随便受到影响。

四、要自我安乐。现代人往往把快乐建立在外在的声色娱乐上，或者仰赖别人的给予，自己内心全然没有快乐，所以，有时候会觉得活得没有任何意义。佛教里的许多禅师，虽然打坐时眼睛闭起来，不看不听，但是内心却很快乐。这种发自内心的法喜安乐，才是涵养生命的重要资粮。

究竟的财富

发财，是一般人共同的愿望。大家都希望发财，但是假如钱财多了，是不是真的就很幸福、快乐呢？不尽然也！有很多人钱财越多，烦恼越多，是非越多。世上，人为财死的例子，不胜枚举。其实财富不要完全从金钱上去看，人生应该追求的，除了金钱以外，还有更多的财富，更究竟的财富。什么是究竟的财富呢？有四种：

一、身体的健康。健康就是我们的财富。有了很多钱，身体不健康，吃也吃不下，玩也没力气玩，财富又有何意义呢？所以宁可没有钱，不能没有健康。

二、生活的如意。有的人虽然有钱，可是生活不如意、不顺心，心里感到不痛快，有钱也形同破铜烂铁一样，所以生活如意，才是真正的财富。

三、前程的美好。我有光明、美好的前途，我对未来充满希望，希望就是财富。

四、眷属的平安。一个人即使再有钱，如果家里的人都不平安，有什么用呢？金钱不能买到和乐的家庭生活，所以眷属的平安就是无形的财富。

五、合法的钱财。钱财的获得，必须要合法。我合法得来的，我用我的智慧、力气、时间辛苦赚来的合法财富，才能用得心安理得。

六、内心的能源。真正的财富在哪里？在自己的心里。我心里生起智慧，智慧就是我的财富；我心中生起满足感，满足感就是我的财富；我心中生起惭愧心，惭愧心就是我的财富；我心中生起禅定，禅定就是我的财富；我心中生起般若智慧，般若智慧就是我的财富。所以我们不一定要在心外寻找财富，真正的财富，应该是内心源源不断的能源。

我们的利益和快乐

人活着，总希望过着幸福快乐的日子，但有些人观念、见解偏差，以为有钱是最大的快乐、有钱才是富有，因此做了金钱的奴隶。其实金钱不是万能的，世间有许多东西比金钱更可贵，《涅槃经》说：

一、无病第一利。世间什么最好？就是不生病。平时我们不觉得健康很可贵，可是一旦有了病痛，不但自己苦恼，也影响亲朋好友为我们担忧。所以我们平时就应该多注意身体的保健，健康才是最大的利益。

二、知足第一富。世间，谁是最富有的人？并不是拥有几十亿、几百亿的财产，拥有房屋土地几百甲、几千甲就是富有的人，真正的富人是知足的人。人如果不知足，虽在天堂犹处地狱；能够知足的人，虽卧荒地也如天堂。所以，物质的多少不能论定我们的贫富，心里面拥有多少才能表示谁富谁穷。

三、善友第一亲。我们交朋友，是为了互相勉励，互相帮助。好的朋友能给我教导，给我劝解，给我知识，给我帮助，所以好的朋友是最可亲的人。

四、涅槃第一乐。涅槃，就是“不生不死，不生不灭”，人活在世上之所以有痛苦，是因为世界有成、住、坏、空，人有生、老、病、死。世界成了要坏，坏了再成；人生了要死，死了又生。但是涅槃里面没有生死，没有你我，没有善恶，涅槃就是圆满，是人间最乐之事。

命运靠自己

一般人总想了解自己未来的命运是好是坏，因为人对于未可知的前途感到茫然，所以总想找一个预卜先知的方法，知道自己未来的命运。

其实命运不是天注定的。有时候，为了一块钱，命运就不一样了。一块钱，拿去帮助别人，对方得到帮助，反过来支持你，你就得到了善缘；一块钱，拿去作奸犯科，惹来丧身的灾难。因此，一块钱能够带给我们不同的命运境遇。甚至为了一个人、一句话、一件事、一个念头，都会使我们的命运有所不同。所以要想改变命运，不一定要去看相、算命、卜卦，也不一定要找神明来解运。改变命运，要靠自己，我有四个方法：

一、道德的观念可以改变命运。举心动念，只要合乎义理、人情、道德，命运就会不一样。

二、正确的信仰可以改变命运。不要迷信，不要邪信，不要让神权控制，要信仰具有历史、有道德、有人格、有能力的对象，他能帮助你，避免你走岔了路。

三、善意的结缘可以改变命运。你好心好意，与人为善，与人祝福，给人帮助，给人方便，各种善意的结缘都可以改变命运。

四、合理的持戒可以改变命运。不做非法的事情，不动非法的念头，一切行为都在法理、人情与义理之中，命运就不会变坏。

如何改变自己的命运

我们常常看到有人去找相命师求卦算命，其实自己的命运，别人不一定算得准，自己的命运操纵在自己手里，自己可以决定自己的命运。怎样改变我们的命运呢?

一、一块钱可以改变人的命运。一块钱，如果拿去买一本书来看，因此懂得待人处事的道理，懂得创业发财的方法，命运就此改变了；一块钱，如果拿去赌钱，赌输了，打打杀杀惹来牢狱之灾，一生就完了。所以一块钱可以决定人的命运。

二、一句好话可以改变人的命运。一句好话赞美对方，对方一欢喜，给我一些帮助，给我一些建言，从此改变了我的命运；如果一句话说得对方不欢喜，因此开除我，处处刁难我，我的命运可能就此变坏了。

三、一件善事可以改变人的命运。我做了一件好事，得了好因好缘，可能就此平步青云；做了一件坏事，因而惹来灾难，麻烦不断，可能命运就很坎坷了。

四、一点知识可以改变人的命运。我有很丰富的知识与技能，除了自受用外，我把它传授给别人，他因此腾达了，于是回报我，答谢我，我的命运也就跟着改变了。

五、一些方便可以改变人的命运。给人方便，就是给自己方便；不给人方便，本来很好的机会也会被破坏而失去，命运就不一样了。

六、一个笑容可以改变人的命运。给人一个微笑，对方很欢喜，会有好缘分。中国民间传说的“三笑姻缘”，就是以笑订终身，所以一个笑容可以决定一个人的命运。

因此，经济上，一块钱可以改变我们的命运；语言上，一句好话可以改变我们的命运；功德上，一件善事可以改变我们的命运；教育上，给人一些知识技能可以改变我们的命运；服务上，给人一些方便可以改变我们的命运；面容上，给人一个笑容，都可以改变我们的命运。所以改变命运的是自己本身，因此，大家应该相信命运操之在我，自己可以改变自己的命运。

怎样生活

我们可曾反省日常的生活是怎样过的？生活要有计划，诸如经济、作息，乃至是在家中的一举一动等，都要有计划。凡事一有了计划，都会事半功倍。

生活中充满苦乐、有无、顺逆、穷通、得失，起伏无常，在起伏不定的生活里，我们怎样来适应呢？

一、要随遇而安。在随遇而安的生活里，有也好，无也好，多也好，少也好，乃至光荣也好，侮辱也好，都不要太计较穷通得失、顺利有无，遇到什么都能接受，都能安住，就是随遇而安！

二、要随缘生活。在我们的生活中，或早或晚，或和好人相处，或与坏人为伍，或占便宜，或吃闷亏。在这善与不善的因缘里，我们要随缘生活。

三、要随心自在。我们的心在生活里要感到自在，不起差别爱憎的念头，就像观音菩萨叫观自在。观人自在，是说我的心看人很自在；观事自在，我看一切事很自在；观境自在，我对一切境界都很自在。所以，我们的心能够安住在自在中。

四、要随喜而作。不要苦恼、心不甘情不愿地工作，应抱着充满欢喜、乐趣的心情去工作，生活自然就会美好。

生活的态度

我们对生活的态度应该怎么样呢？

一、重于物质也重于精神。因为有了衣、食、住、行的物质，跟着就要想到精神的生活，要追求知识，要读书，要爱情。有了知识以后，又再要求艺术的生活；所谓艺术的生活，就是我们要有美感，要有音乐，要有绘画。有了艺术的生活，就想有信仰的生活，就是要超越。因此我们有了物质的生活，更要有重于精神的生活。

二、重于言说也要重于修行。我们要重于言说的生活，更要重视实践的生活。有语言，人和人之间才能交流、沟通，但光靠语言的协调是不够的，重要的是自己要能实践。比方说，你讲慈悲喜舍，但当你面对芸芸众生时，真能做到吗？在气恨之时，真能去除嗔心吗？

三、重于随缘也要重于不变。在佛教里常听到这句话："不变随缘，随缘不变。"重视随缘的生活才能随时自在，不会有过分希求的痛苦，但也要重视不变的生活，才能不变原则，不产生波动不已的恐惧感。

四、重于世乐也要重于法乐。信佛学佛，不是为了受苦而来的；信佛学佛，是为了追寻快乐而来的。因此，我们追求世间的快乐，诸如养花莳草、旅游娱乐的世乐，更要有增长见识、听闻佛法的法乐。世乐是一时的、短暂的，而法乐是追求真理的快乐、祥悦的快乐，是永恒的、长久的。

自在的生活

在这个世界上，每个人每天同样拥有二十四小时，有的人活得很惬意，有的人过得很苦恼。为什么同样的日子，会产生快乐与烦恼的不同感受呢？主要在于各人面对生活的态度不同。所以，如何面对生活，就成为一个重要的课题。我有四项建议：

一、对感情要不执不舍。经常有人问：“人怎么会来到世上呢？”人是从情爱而来的！佛教将人叫做“有情众生”，人既是有感情的动物，所以每个人皆离不开感情生活。纵然如此，我们对感情也应该要能做到不执不舍，也就是中庸之道，既不过于执著，为情所困，也不要舍弃感情。最好把感情升华为对众生的慈悲，这才是最美好的人性。

二、对五欲要不拒不贪。五欲的财、色、名、食、睡，乃是人类五种基本的欲望。对于这五种欲望，我们既无法完全舍弃，却也不能过分地沉溺、纵欲，最好抱持既不排拒也不贪求的态度，就像维摩居士“虽处居家，不着三界，示有妻子，常修梵行”，这才是我们对五欲应有的态度。

三、对世间要不厌不求。在这个世上，难免有顺境有逆境，不管是苦是乐，我们应该随遇而安、随缘生活，千万不要有消极厌世的逃避心理，也不要有希求长生不老的妄想。

四、对生死要不惧不迷。有人说人生如战场。在人生的旅途中，的确有许多的关卡要过，所谓名关、利关、生死关，关关难过。有的人在面对生死时，心生畏惧、迷惑，那是因为不能体悟生命的真谛。从世间缘起去观照，懂得生死一如的道理，便不再对生死感到畏惧、迷惑，一切就能自由自在了。

美满的生活（一）

美满的生活，是每一个人所希望、所渴求的。可是偏偏每一个人对自己所过的生活都感到不尽满意，总觉得缺憾很多。如何才能使生活美满呢？在心理上，我提出四点意见：

一、无比有更多。我们每天都在追求有形、有相、有为的世界，每天都在拥有多少房屋、多少土地、多少钱财、多少儿孙眷属上计较。但是有是有限、有量、有穷、有尽、有边的，假如能够体会一个无的世界，无不是没有，无的里面更多，无是无穷、无尽、无限、无量、无边，懂得无的妙用，生活的内涵就会更宽广。《般若心经》说：“以无所得故，菩提萨埵。”其中“无所得”，就是无所着、无所求，因此菩提萨埵才能没有挂碍、恐怖，这是觉悟者的生活，所以无比有更多。

二、远比近更好。我们凡夫看事情往往太过于短视，看不到长远的未来，因此常常为了些微的近利就争得头破血流。就像人和人为什么会吵架？就是彼此太靠近了，你挤我、我挤你，因此有摩擦。世界上为什么有战争？也都是因为要扩大自己的土地。假如人与人能够保持距离，彼此就没有纷争，就像车子保持距离，行车就会安全。如果我们能把自己的眼光看远一点，不要那么近视短见，那么生活就会更美好。

三、淡比浓更雅。浓妆艳抹不一定美，淡淡的妆反而更显得素雅、高贵。人情也是一样，佛教有句话："莫嫌佛门茶饭淡，僧情不比俗情浓。"我们看佛陀坐在大殿里，信徒向他礼拜，他总是淡淡的，但是彼此心中的那一份情却是亘古绵长的，所以说君子之交淡如水，淡淡的人情更长远、更隽永。

四、道比情更美。情会变，道不会变；情是一时的，道是永恒的，所以我们应该重视道更甚于重视情。

美满的生活（二）

如何过美满的生活？在生活上，有八点意见提供读者大众参考：

一、要有节制的感情生活。佛教对感情的看法，并不主张一定要绝对地禁欲，但是也不赞成毫无节制地纵欲。佛教对感情的欲念是采取疏导的方式，比方说培养对音乐、美术或写作的爱好，这些都可以疏导感情。其他如拜佛、诵经、布施、徜徉于大自然中，这些也都是疏导感情的方法。

二、要有合理的社会生活。社会有社会的伦理，如同事、朋友、师生之间，每个人都有自己应该扮演的角色，每个人就应该恰如其分地扮演好自己的角色，这就是合理的社会生活。

三、要有正当的经济生活。经济生活指的就是对物质、金钱的处理方式。佛教并没有说不可以享有财富，反而认为金钱越多越好，但是所谓“君子爱财，取之有道”，任何财富的取得必须来处正当、用得正当，这才是佛教所认可的净财。相反的，有很多人的财富是用赌博、杀生或不正当的手法夺取、侵占得来的，那就不是正当的经济生活，就不为佛教所认可。这种不义之财，无法用得心安理得，又怎能获得美满的生活呢？所以幸福人生，一定要有正当的经济生活。

四、要有德化的宗教生活。有些人认为宗教徒都很迷信，其实并不是所有的宗教都是迷信的，譬如你信仰基督教、天主教、佛教，甚至信仰道教，它让我们凡事想到“举头三尺有神明”，由于有了善恶的因果观念，做事自然合于道德的范畴，这就是德化的宗教生活，这样的生活，自然容易获致美满。

五、在生活上要随遇而安。我们每天从早上起床，到晚上睡觉，这一天的生活里，所到过的地方、所遇见的人、所碰到的事，真是林林总总，不胜细数。不管我们面对什么样的人、事、物，最重要的一点，要能随遇而安。千万不能对喜欢的人就高兴，对不喜欢的人就烦恼，对自己喜欢吃的就贪吃，不喜欢吃的就闭口不吃，这样的生活就不叫随遇而安。所谓随遇而安，就是爱憎不要太强，要和不要，不要太过计较，能够这样面对生活，自然美满愉快。

六、在社会上要随缘不变。我们在社会上与人相处，要懂得随缘，但是随缘并不是随波逐流，而是把握当下，所以随缘之余还要懂得不变，也就是说大原则不变、小地方随缘。譬如我们的中心思想、我们做人的原则不能改变，但在一些事情上，大家欢喜，我跟大家欢喜，大家快乐，我跟大家快乐，大家说笑，我跟大家随喜。能够随喜随缘，而又能把握不变的原则，这就是智慧。

七、在修行上要随心增上。我们不管在道业的修行上，在事业的开创上，都应该要随心增上。好因缘来了，你就顺着好的因缘；心里的智慧生起来了，就随着心里的智慧。要不断地让自己升华、扩大，让事业、修行都能随心增上。

八、在处事上要随喜结缘。我们在做人处事上，要能随喜。如果大家都玩得很高兴，你一个人板着面孔，大家都提议要出去玩，你一个人偏偏不肯参加，这就是不能随喜结缘。做人要喜于跟人家结缘，才能获得人缘，人生才不会留下缺憾。

觉悟的生活

我们每天都要生活，有的人糊里糊涂地过一生，有的人却潜心于研究自己为什么要活着，这就是追求觉悟的生活。觉悟的生活对我们是非常重要的，如何过一个觉悟的生活呢？我提供四点意见：

一、要自己承担。所谓觉悟的生活是自己要承担生活的责任，不要将责任推卸给别人；不是把有利的事情都归于自己，把对自己不利的事情都推给别人。例如有人开会迟到了，就会拿一堆理由来搪塞，像交通拥塞、下倾盆大雨、朋友来访或忽然有电话等，他不肯承担迟到的责任，却归咎于别人或其他事情上。所以我觉得，生活的意义在于自己承担。

二、要随缘放旷。在生活中，不要太执著，不要把自己绷得太紧，不要画地自限。有时候，一个人要想到整个家庭，也要想到社会，甚至进一步想到国家及芸芸众生。如果能够常常心怀国家、众生，你的心胸自然就能宽大起来，心胸宽大，自然能随缘放旷。

三、要明白自己。人最可怜的就是不明白自己。我们常责怪他人，怪他人不了解我们，其实我们又何尝了解自己、认识自己、明白自己？因此我们要将自己整理得有条不紊，看得清清楚楚：我的慈悲有多少？我的智慧有多少？我的力量有多少？能够明白自己，也就离觉悟不远。

四、要珍惜生活。所谓珍惜生活就是珍惜自己。珍惜生活，是因为我们的生活很宝贵。在生活里，不浪费时间就是珍惜生活，物尽其用就是珍惜生活，不糟蹋人情就是珍惜生活。

超越的生活

我们在路上驾驶总想要超车，在名利的道路上我们也想要超越别人，可是这种超越都是不究竟的。真正要超越的是心灵上的解脱、生活上的洒脱自在。

如何过超越的生活？

一、没有经济财务的烦恼。我们睁开眼睛所忙碌的就是赚钱、赚钱，每天奔波劳碌，汲汲营营都是为了钱，每天都是跟人家计较利益，争执得失，都是为钱在烦恼。假如在经济财务之前，心头能放下一些，不计较太多，超越金钱财务，自然就减少许多烦恼，也就能拥有一个自在的生活。

二、没有男女情爱的贪求。我们的生活，有时因为陷在男女情爱里面翻滚而苦恼，没有男女情爱的执著，日子就很平静安然。世间本无事，庸人自扰之。人是因为情爱而到人间，也为了情爱而烦恼终生，死后又因为情爱再去轮回生死。

三、没有权力高下的执著。权力，自古以来不知葬送了多少人的生命。大丈夫宁可无钱，不可以无权，因争夺权力的大小、高下，而彼此斗争、执著、计较。可是权力是很虚假的，胜者为王，败者为寇。再高的权威，如果没有德行，容易腐蚀善良的人性。

四、没有人我执著的分别。我们的烦恼，就是从人我执著而来，所谓我相、人相、众生相、寿者相，每天都在人我中计较，不得片刻安宁。假如没有人我执著分别的话，就会活得自在洒脱。

性灵的生活（一）

人生在世，有的人注重物质生活，有的人重视精神生活，有的人欢喜艺术生活。所谓生活，有时候不能只有心外的生活，最好也能有内心的、性灵的生活。怎样过性灵的生活呢？有四种方法：

一、探索内心的宝藏。有人开山取宝，因为山里有宝藏；有人要到海底探索宝藏，甚至于到天上地下去寻宝。其实真正的宝藏是在我们心中，心中的宝藏，心中的能源，是取之不尽、用之不完的。

二、追寻大我的人生。人在世上，光是为了自己，光是为了个人的物质生活庸庸碌碌地穿衣吃饭，如同衣架、饭桶一样的人生就太没有意义了！所以要求大我的人生，把我们的生命和一切众生相应，成为一个共同的生命；把我们的生命扩大到世间之上，到处都有我们的生命，所谓“竖穷三际，横遍十方”，到处都是我们的人生。

三、扩大无边的法界。有时候，我们执著这个家是我的，这个公司是我的，这个机关是我的，这个国家是我的，这样还是不能扩大自己，也无法享受无边法界的自在。要脱离人生的束缚，使宇宙就是我的心，我的心就是宇宙。

四、信仰真我的价值。我们信仰佛菩萨，不是信仰泥塑木雕，实际上，信仰就是信仰自我，尊重自我，肯定自我，发觉自我的价值。

性灵的生活（二）

上一篇谈到，我们的生活有物质的生活，有精神的生活，有感情的生活，有事业的生活，更重要的，还有信仰、性灵的生活。在更深的心灵层次里如何过性灵的生活？

一、从人格里去升华生活。人之所以异于禽兽者，在于人有人格、有自尊，所以每个人都要好好地维护自己的人格、尊严，并且从人格里面去升华我们的生活，进而自我尊重、自我肯定。

二、从内心里去净化生活。我们生活的这个世间，可说是五趣杂居地，充满了是是非非、好好坏坏、肮脏污秽；但是我们应该从内心去净化生活，诚如《维摩经》所说的“随其心净则国土净”，自己的心清净了，自然我们所处的环境、我们的国土、我们的世界也就清净了。

三、从融和里去入众生活。人不能遗世独立，不能离开大众而独自生活。但是，在大众里面也要有一种融和的性格，才能跟大家毫无隔阂地生活在一起，才能把自己融入大众中，过着你中有我、我中有你的生活。

四、从方便里去接物生活。我们做人处事、待人接物，要懂得给人方便，给人方便就是给自己方便。佛光山的工作信条就是给人信心、给人希望、给人欢喜、给人方便。方便就是智慧，方便才是真正的佛法。

我们为何要过性灵的生活？主要的就是要提升自己的性灵，扩大自己的内心，升华自我的人格。

如何过一日生活

禅宗说："日日是好日。"我们要把每一天过得很实在，今天把今天过好，一月把一月过好，才会一年一年地过好；一年一年地过好，才会一生地过好。我们如何过一日的生活？我有四点意见：

一、每日说好话。一天当中，你自己盘算一下，你说了多少的好话？过去袁了凡先生，他每天都用"功过格"检讨自己的功过，反省一天之中有多少功德过失，并且老实做记录。比方说，我们每天跟人家讲话："你早！你好！"就是好话；"谢谢你、对不起"，这就是好话；"我能为你服务什么吗？我想为你尽一点心力。"这都是好话。或者你见到一位妇人，赞美她的家，赞美她的儿女，赞美她的丈夫；你见到一位学生，你赞美他的老师，赞美他的学校；你见到一个公务员，你赞美他的同事、他的上司……你能该日多说好话，就是美好的一日。

二、每日行善事。一天当中，你做了多少好事？比方说，看到垃圾，能去整理干净；交通混乱了，我去维持秩序；我到哪里，都给人一些服务，给人一些帮忙。我该日行好事，就是充实的一日。

三、每日常反省。所谓“吾日三省吾身”：每天反省：自己的功过多少？我今天讲的话适当吗？我今天做的事周全吗？我今天有什么伤害了别人吗？你能常反省，就会改过迁善。

四、每日多欢喜。我们一天当中，如果都是忧愁满面，都是非常烦恼，日子会很难过。不妨每日多欢喜：我吃饭的时候，感觉饭很好吃；我睡觉的时候，感觉到很美好的休息；我会客的时候，感觉很有人缘。你每日多欢喜，日子就很好过了。

如何欢度一日的生活

人每天都在生活，如何让这一日的生活充满欢喜、快乐呢？

一、饭前五观想，饭后百步走。无论是在用早餐或吃中饭之前，佛教告诉我们都要有五种观想：其一是当思这一粒米、一碗饭、一盘菜得来不易；其二是要权衡自己的德行，是否能够接受这样的享受；其三是要防备自己的贪心，不要过分要求；其四是将吃饭视为吃药一般，是为了疗治饥饿的毛病，吃饱了，饥饿的毛病也就消失了；其五就是为成就佛道，为了借假修真，我们才要吃饭。如你这么想，必定欢欢喜喜地吃，吃过之后，要饭食经行、散步，所谓“饭后百步走，活到九十九”。

二、每日要早起，遇食要少吃。也就是每天早起身体好，吃饭不要吃得过饱的意思。过去，我们中国人的习惯都是劝人家多吃，事实上多吃无益，反而有损健康。所以少食是良药。

三、早起十念法，晚睡一炷香。假如你是个佛教徒，在清早起床后，你可以一口气念十句佛号，反复十口气念“阿弥陀佛！阿弥陀佛！阿弥陀佛！”或是“观音菩萨！观音菩萨！观音菩萨！”晚上睡觉前，静坐一炷香，让自己能够安然入睡。

四、生活要放下，生死不可怕。在生活里，一切的荣辱、得失、有无，都要放得下，不要太计较、太认真，就算是死亡来临了，也应无所惧。

健康与长寿

所谓健康，一般人只想到身体的健康。虽然没有头痛，肠胃也没毛病，这还不算健康。如何求得健康与长寿，各有四个要诀。在健康上要注意：

一、身体上的健康。要注意观察生理的健康与变化，这是生活、工作乃至事业成功最基本的条件，要从正常的饮食、适当的运动、良好的生活习惯，去维持身体的健康。

二、心理上的健康。我们的心藏有贪欲、嗔恨、嫉妒、傲慢、邪见的毛病，等我们把心理的毛病都去除了，就能有心理的健康，如慈悲喜舍、戒定慧。

三、事业上的健康。不要从事非法的事业。杀生害命、窃盗，甚至于算命卜卦，都是不法的事业。要做正当的事业，才算健康的事业。

四、信仰上的健康。不要邪信，迷邪的信仰会引导我们有错误的观念、错误的人生，不可不慎。

健康之后再求长寿。长寿，不仅是肉体活到八十岁、一百二十岁就叫长寿。除了肉体上的长寿以外，最要紧的，我们还要有：

一、言教上的长寿。我的一句话能对他人有所助益，能流传久远，我的教育能被大家接受，这就是我言教上的长寿。

二、工作上的长寿。工作要有恒，要敬慎持久，在工作上也能因为自己立下良好的工作典范，让后进者有规可循，事半功倍。

三、功德上的长寿。要有益于人类、社会，让功德能持之以久。铺一条路，可以让众人走几百年；造一座桥，可以让众人安渡彼岸，就是功德上的长寿。

四、法身上的长寿。让我们的精神不死，慧命永恒。人并非长生不死，能证悟不死的生命，才是一种无量寿的长寿。

卷二

在社会舞台上

世间万法皆由众缘和合而成，人活着不可能单独存在，必须仰赖社会大众、亲人眷属的共同成就。所以每个人不管在工作上，或是日常生活中，每天都会和很多人来往、接触。那么我们应该如何与人相处，如何对待别人，才能获得和谐的人际关系呢?

识人之道

一般人常常感慨说：“知音难寻。”其实，在这个社会上，只要我们能以诚待人，要想交一个相知相投的好朋友并不困难。尤其身为领导者，要想找个称职的工作人员，只要有伯乐的识人之道，必能得到千里马。什么是“识人之道”？

一、用人要知人。不管任何团体，大家一起共事，首先一定要有共识，否则理想不一，目标不一，大家貌合神离，事情是做不好的。所以用人之道，首先要知道他的目标是否跟我们一致，只有大家同心同德，才能向同一个理想迈进。

二、教人要明理。父母教育儿女、老师教育学生、长官教育部下，不能太专制，不能太严苛，要紧的是要让他们明理，所谓“知其然并知其所以然”。父母师长只要能站在辅导的立场，多给他们一点自由发展的空间，彼此之间必能和谐相处，圆融无碍。

三、用人要公正。为人主管者，切忌偏袒不公。如果你用人的时候，心存不公，处事不正，部属感到你不公平、不公正，一旦心生反感，就很难令其信服。所以用人的时候，不但要以身教，而且要让他感到你是一个很公平、公正的人。

四、留人要上进。想要部属死心塌地地效忠于你，首先要让他感觉跟着你有前途、有未来性，这样就会长久地跟随你。因为有些人工作并不是为了金钱，因为金钱的价值是有限的。有许多人纵使工作待遇很低，仍然心甘情愿地追随此人，因为除了金钱以外，还有感情、尊重，能够让人感动、感恩，让他感觉有前途。这是留人的妙方。

怎样待人

世间万法皆由众缘和合而成，人活着不可能单独存在，必须仰赖社会大众、亲人眷属的共同成就。所以每个人不管在工作上，或是日常生活中，每天都会和很多人来往接触。那么我们应该如何与人相处，如何对待别人，才能获得和谐的人际关系呢？我有四点建议：

一、不暴戾而行慈。与人相处，不能获得别人的赞许，不能让别人接受我们，主要是因为我们的脾气不好，或是我们的性情太过率直、粗暴、专横。所以不暴戾而行慈，对人慈悲，让别人感觉到我们的和善、温柔，尊重别人，帮助别人，那么别人必定能欣然接受。

二、不乱淫而有礼。社会是一个大家庭，男女一起相处是无可避免的，我们要有佛教所说“一切男子是我父，一切女子是我母”的认知，年轻的男女是我的兄弟姐妹。我们对于父母、兄弟、姐妹，只有尊重，只有敬爱，而不会有邪念，所以不乱淫而有礼，凡事规规矩矩。

三、不贪取而喜舍。与人交往的过程里，别人最顾忌的是我们有企图、有贪心，如果我们对别人没有企图，没有贪心，反而对他有帮助，有布施，有助力，必定能受到对方的喜爱。

四、不诈欺而有信。人贵诚实，人与人相处不能存心欺骗。在佛教五戒中的不妄语戒就是不能说谎，绮语、恶口、妄语、两舌都是做人失败的原因，所以我们不要诈欺，要有信用。

如何与人相处（一）

人与人相处之道，看起来很难，但下列四点意见只要你做到以后，必能受益无穷：

一、你好我坏。

二、你对我错。

三、你大我小。

四、你有我无。

在一般人的观念里，都不喜欢你好我坏，而喜欢我好你坏。但如果我什么都好，别人都坏，人家会饶我吗？所以，有时让别人做好人，我当坏人，反而能获得别人的同情与好感。比方说，有两户人家，张姓人家经常吵架，李姓人家却是相安无事、和乐融融。张家因此问李家为什么他家里能不发生争吵。李家回答说："因为你们家都是好人，所以吵架；我们家人都是坏人，因而不吵架。"为什么呢？举个例子说：桌上放了一个茶杯，张家有人打破了，他不承认自己错误，反而责怪放茶杯的人；同样地，放茶杯的人也说："茶杯是我放的，谁叫你打破了？"全家人都要做好人，都不承认自己错误，因此就争吵不休了。李家的人则是自愿做坏人，打破的人立刻就说："对不起！对不起！是我不小心把茶杯打破了。"而放茶杯的人也会说："不能怪你，是我不应该把茶杯放在桌上。"如此一来，李家的每个人都愿意承认自己的错误，所以也就不吵架了。

总之，如能做到你好我坏，便可解决很多的纷争与问题。你好我坏，你对我错，你大我小，你有我无，看起来似乎很难实行，实际上，只要你去实践，就能发现其中蕴藏了许多微妙的道理，而在人我相处中，你一定会因为以上的几个方法而与人相处得更融洽。

如何与人相处（二）

人是群居的动物，在家庭里有父母兄弟，学校里有老师同学，机关里有长官同事，街道上人和人摩肩接踵，所以不管你走到哪里，总离不开人群。在人群中如何与人和睦相处，有四句话供大家参考：

一、忍一句，祸根从此无生处。古德说：“喜时之言多失信，怒时之言多失礼。”一个人在盛怒时所说的话，容易伤害到别人，也容易造成摩擦，所以如果我们能忍一时之气，就不会造成无谓的纷争。就像拳头，不要急着打出去，才能凝聚力量；眼泪，不要轻易流出来，才是真正的悲愤。一时的气话往往造成不堪设想的后果，因此千万不要在盛气之下轻易发言，能忍一句，自然祸根从此无生处。

二、饶一着，切莫与人争强弱。有首偈语说：“何必争强来斗胜，百千浑是戏文场；顷刻一声锣鼓歇，不知何处是家乡。”人生就像一场戏，尽管剧中曾经风光、繁华过，一旦落幕，一切归于寂静。所以在人生的舞台上实在没有什么值得争强好胜的，有时候让人一步就是自己的胜利，所以做人要有“得饶人处且饶人”的涵养与心量。

三、耐一时，火坑变作白莲池。忍，不是懦弱的表示；

忍，是勇者的象征。一个人能够忍耐一时，坚持下去，纵是一时不如意，终将成为过去。纵然处身火坑，也会因你的忍耐而变成清凉的莲池。所以我们与人相处，只要能忍耐，就能转逆境为顺境。

四、退一步，便是人生修行路。人生的旅途上，不一定要每一步都向前。回头是岸，能退一步想，海阔天空。凡事退一点，不但留给别人一点余地，也是自己的一种修行。

如何解决人我问题

世上最难解决的问题，就是人我的问题。凡事有你有我，问题就显得复杂。如何解决人生的问题呢？我提出十句修行的口诀：

一修人我不计较。一个不会与人斤斤计较的人，别人必然喜欢与他交往；反之，凡事唯恐自己吃亏，处处用心防范别人的人，别人同样会防范他，所以要获得人和，首先要修“不计较”的心。

二修彼此不比较。俗话说：“人比人气死人。”凡事喜欢与人比较，只有徒增苦恼，须知世间事永远“比上不足比下有余”，因此，能有“不比较”的心，便能知足常乐。

三修处事有礼貌。有句话说：“佛法在恭敬中求。”其实不只是学佛，我们不管做任何事情，如果能以谦卑的心，虚心求教，别人必然乐于指导，因此在恭敬中可以得到人缘，得到友谊，得到帮助。

四修见人要微笑。微笑是世界上最美丽的语言，也是人与人最好的沟通桥梁，时常以笑脸迎人的人，必是最有人缘的人。

五修吃亏不要紧。人要学习吃亏，吃亏一时，却能得到永久的心安，吃亏便是福。

六修待人要厚道。一个“严以律己，宽以待人”的人，凡事宁愿自己吃亏，但是却能获得别人的尊敬，所以我们待人要厚道。

七修心内无烦恼。自己内心没有贪欲，没有嗔恨，没有邪见，没有傲慢，就不会有烦恼。

八修口中多说好。释迦牟尼佛之所以比弥勒菩萨早成佛道，是因为他修赞叹法门。所以我们不要吝啬予人赞美，开口说好话，不但是一种无上的布施，也是圆融人际关系的润滑剂。

九修所交皆君子。所谓“近朱者赤，近墨者黑”，慎选朋友，与君子相交，会减少很多人我的烦忧。

十修大家成佛道。四弘誓愿中说“众生无边誓愿度”，这也就是希望大家一起成圣成贤，一起共成佛道。发这种大愿的人，已把众生融为一体，还会有什么人我问题呢？

如何不侵犯

做人要厚道，要有爱心，要有慈悲心。什么叫爱心和慈悲呢？能够不侵犯别人，便是最大的爱心与最大的慈悲。如何做到不侵犯？有下列四点：

一、不为讨便宜而侵犯别人。不侵犯的意思，就是不要为了自己的利益而去伤害别人。比方说，看到别人花园里盛开的花朵，我就随意摘几朵；别人放在桌上的纸、笔，顺手拿来就涂涂写写；或是任意占用他人的位置。这些全是为己身的利益、方便而侵犯别人，这就是没有爱心、没有慈悲的侵犯。

二、不为逞己快而讽刺别人。有的人为了逞自己一时之快，常常讥讽、嘲笑别人，这是很缺德的行为。俗语说“祸从口出，病从口入”，不要让自己的一时之快伤了人，让不经意的一句话留下终生的憾恨，实在得不偿失。

三、不为忌彼好而打击别人。中华文化博大精深，历史悠久，却隐藏了中国人见不得别人比自己好的劣根性与嫉妒心理。所以我们应该开阔心胸，不要看不得他人好而眼红，去打击别人。

四、不为护私欲而伤害别人。如果只是为了满足个人的欲望，不惜伤害别人，这是不道德的行为。因此，具足爱心、慈悲心，最重要的是不要伤害他人，不要侵犯他人。

修身与人际关系

《大学》里说："修身齐家治国平天下。"身修而后才能齐家、治国、平天下。所以，修身看似个人的事，其实却关乎国家社会的长治久安；一个修养好的人，他的人际关系必然相当和谐。关于修身与人际的关系，我有四点建议：

一、要以"戒"生活。一个人在日常生活里，十目所视，十手所指，一定要有约束身心的方法。佛教里讲五戒，不杀生，是对他人的生命不侵犯；不偷盗，是对他人的钱财不侵犯；不邪淫，是对他人的身体、名节不侵犯；不妄语，是对他人的信用、名誉不侵犯；不喝酒，是不吃刺激性的毒品，伤害自己的身体和智慧，转而去伤害他人。所以，以"戒"来生活，这是做人的根本。

二、要以"慈"待人。我们做人处事，要怀着慈悲为本的原则。所谓慈悲，就是给人欢喜，拔除他人的痛苦。如果我们对朋友、同事、家人都能予以慈悲，给他欢喜，这样待人，必能"敬人者人恒敬之，助人者人恒助之"。

三、要以"忍"处世。处世很难，所以要能忍辱柔和、谦虚有礼。如果凭着一己匹夫之勇，凭着自己的血气冲动，到处惹是生非，这是不会处世。有时候忍穷、忍贫、忍苦、忍难，都很容易，唯独忍一口气很困难，所以我们要能“难忍能忍”。

四、要以“缘”交友。我们交朋友，不要抱着贪图他人利益的心态，要抱着结缘的心，这样才能交到好的朋友，因为你要别人怎么样待你，你必须先怎么样待人。

维护正义的勇气

舆论的力量与公权力的伸张是建设社会、安定社会的一股无形动力。一个人如果缺乏维护正义的道德勇气，尽管没有杀生，没有偷盗，没有邪淫，没有妄语，顶多算是消极层面的“独善其身”，社会的繁荣发展有待大众更积极地“兼善天下”，也就是不仅不做坏事，而且还要做好事，要能利益大众，尤其要有维护正义的勇气。维护正义的勇气，有下列四点：

一、不乱杀生而给人方便。不乱杀生，就是不去侵犯别人的生命，并且还要帮助他，让他活得自由自在与方便。

二、不乱盗取而使人欢喜。对人家财产我不但不侵犯，反而布施快乐、欢喜与他，给他安然，使他无畏惧。

三、不乱邪淫而护人名节。男女之间的交往，要保持风度与礼节，不但不侵犯人家的身体与名节，同时还要保护他。所谓“一切男子是我父，一切女子是我母”，能把比自己年长的人视为父母，将年轻的朋友当做自己的兄妹，如此必能像一家人般地共生共荣，共建和谐安定的社会。

四、不乱说话而扬人善举。社会上有些人说话常不留口德，总欢喜闲言闲语，批评议论别人。不管他人是否堪受，尤其喜欢揭人隐私，道人之短，面对这种不道德的行为，我们要有勇气纠举、阻止。另一方面，对于默默行善的人，我们要广为宣扬赞誉，借此发扬人性的善良面，进而蔚成社会敦厚善良的风气。

处理是非的方法

有人说：“有人的地方就有是非。”是非虽然到处可见，不过所谓“是非朝朝有，不听自然无”，只要我们懂得处理是非，自然不会受其干扰。处理是非的方法，有下列四点：

一、不说是非。俗语说：“谣言止于智者。”再多的谣言是非，只要我不说，是非自然消失。

二、不传是非。我不但不说是非，而且面对是非，要做到不传播是非，以免是非渲染、扩大。

三、不理是非。对于世间的是是非非，你越理它，它就越理越乱。所以处理是非的另一个办法是不理是非。

四、不听是非。再多的是非，我都“非礼勿听”，因为是非、谣言是极可怕的。对日抗战期间，有一天，空袭警报声大作，有个人说："一架飞机来袭了！"随后有人问："多少飞机啊？"他回答："是一架飞机！"问的人没听清楚，就立刻转告别人："十一架飞机！"有人再问多少架飞机，他说："就是一架飞机！"结果谣传到最后成了"九十一架飞机"，可见以讹传讹、多人传播的可怕。

因此，我们要想过清净自在的生活，就要会处理是非。

解决你我他的纷争

世上只要有人的地方，就会有纷争，尤其有"我"有"你"再加个"他"，你、我、他之间的纷争就更多了。你有你的看法，他有他的说辞，立场互异，各执己见，纷争就永远纠缠不了。要如何解决你我他之间的纷争呢？我有四句偈给各位参考：

一、你好他好我不好。世间一般人都希望我好你不好，只追求自己的快乐，置他人的痛苦于不顾。由于只知自扫门前雪，不管他人瓦上霜，所以纷争不断。如果我们能秉持另一种观念，你好他也好，让我来承担不好的，譬如我们经常在人前承认自己的错误，并且改进自己的态度，凡事过错在我，那么种种纷争就能消弭于无形。

二、你大他大我最小。每个人都希望别人认为自己伟大，我们就尊重他。尊你为老大，尊他为老大，你们个个都伟大，唯有我最小，能在人前持低姿态，自然不争不怨。

三、你乐他乐我来苦。你快乐，他快乐，我来受苦。比方说，我辛苦把地扫干净，使环境焕然一新，带给别人清新愉悦之感。如此，辛苦之事我来承受，把快乐让给别人，必能相安无事。

四、你有他有我没有。你有，他也有，我没有，但我能沾光，我不一定要占有，却可以享有。

如果大家都能秉持这四句偈语，人与人之间的纷争必定能够化解。

怎样和平处世

我们处世最重要的是和平：善于处世的人，到处都和平；不会处世的人，好事都会搅弄得争执四起。和平要尊重，互相尊重才能和平，不尊重就不能有和平。怎么样和平处事呢？

一、在嗔恨处散播慈悲的种子。要悲悯我们的仇敌，越是对我们不好，越是心中嗔恨，越需要播下慈悲的种子才能改善。不能火上加油，仇恨又添仇恨，冤冤相报何时了？所以要消除嗔恨，就要散播慈悲的种子。

二、在仇视处施予宽恕的谅解。在仇视敌对的时候，要布施宽恕与谅解，不要太计较，不要太执著，问题才能解决。如果一直记住仇恨，没有一点宽恕的心，问题就不能解决。

三、在怀疑处培养信心的力量。自己有怀疑时，要培养自我的信心；别人怀疑你，你要给人家信心。信心可以产生力量，信心可以帮助你解决问题。

四、在黑暗处点亮般若的火花。假如人际关系出现裂痕、误会，或自我情绪低落无明的时候，要点燃智慧的火花来化解问题，不可以意气用事。

五、在失意时提出明天的希望。有人灰心失意了，我们要鼓励他、安慰他，让他对未来充满希望，让他相信明天会更好、以后会更好，让别人对未来充满希望，这是无上的布施。

六、在忧伤时赠予喜悦的安慰。当别人心情忧伤苦闷时，你能及时为他分忧解劳，并且给他一点喜悦，必能得到他的信任与友谊。

如何和谐相处

人与人之间要互相尊重，如果你看不起别人，或别人不尊重你，彼此就不能和谐相处。人与人和谐相处之道有四：

一、彼此尊重。有一天，眉毛、眼睛、鼻子、嘴巴在开会，眼睛、鼻子、嘴巴都认为眉毛最没有用，怎么可以高高在上？大家你一言我一句，说得眉毛招架不住，只好自愿移到下面来。可不管移到眼睛、鼻子或嘴巴的下面，都不成人形，最后还是让眉毛高居上位。所以人与人之间要彼此尊重，才能互相帮助，互得利益。

二、乐善好施。佛教讲“无缘大慈，同体大悲”，我们对于任何人，都要给予几句好话的布施。给人一个微笑的布施，给人一个点头的布施，因为唯有对人尊敬，给人一点助力，才能获得友谊。

三、心理健康。人和人相处，如果常常心存怀疑，别人讲一句话，你就认为是在批评你；别人做一件事，你就担心可能对自己不利。如此多疑、善妒，将会失去很多的友谊。因此，要心理健康，要对人信赖，对人友好，对人放心，才能和人相处愉快。

四、互相帮助。有一个趣谈指出天堂和地狱的不同：地狱的人吃饭用的筷子有三尺长，夹了菜还来不及送到自己嘴里，便给邻座的人抢去吃了，因此互相责怪对方。天堂里的人吃饭用的筷子也是三尺长，不过他们夹了菜以后是互相送给对方吃。由于彼此互相尊重、互相帮助、互相友爱，天堂里永远充满和谐、快乐的气氛。

在大众中相处

常听人说：“做人难！人难做！难做人！”在社会上和大

众相处，要不失礼貌，不失风度；在大众面前要能让人欣赏，让人赞美，让人接受，的确是一门很深奥的学问。

如何与大众相处？我有四句偈给各位参考：

一、见面三句话。人与人之间常常见面，见了面要有话说，彼此才不会生疏。譬如每天早上起来和父母、兄弟姐妹、眷属、儿女见面，出门到了公司机关和同事、长官、部属见面，都应该要有三句话，不要面无表情、一句话也不说就离开了。现在，我们的民生富饶，生活水平提高，更要有高水平的相处之道，所以今天我们提倡人和人见面，要有三句好话。

二、相逢应问好。有时候好朋友几天不见、几个月不见，现在相逢了，都应该要寒暄问好。“近来好吗？”“近来得意吗？”虽然只是只言片语，别人听起来也觉得很欢喜。

三、交谈要微笑。和他人谈话的时候，一定要面带笑容，而且态度要亲切，让人有如沐春风的感觉。

四、口角一回合。人与人之间，难免会有意见相左的时候，如发生口角、争论之时，切记最多“一回合”。不要老是辩论，争吵不休。不要让争吵破坏了彼此和谐的关系。

交友七法

朋友相交，贵在知心，真正的好朋友应该是患难与共，也就是当你需要的时候，他随时会伸出友谊的手。所以朋友的定义应该是：

一、难与能与。朋友有了困难，需要你的帮助时，即使自己有困难，也应该勉力而为。

二、难做能做。帮朋友做事，只要是好事，纵使做起来不容易也要去做。因为朋友本来就应该互相帮助，能“难做能做”，足证友谊之坚。

三、难忍能忍。朋友相处，有时难免会有一些误会，有一些看法上的不同，乃至在语言上发生口角，此时必须互相包容、容忍，尤其要难忍能忍。如果一点包容忍耐的胸襟都没有，再好的朋友也不能长久相交。

四、密事相语。好朋友除了能在工作上互相帮忙协助之外，尤其要能分享自己心里的一些秘密。譬如在做人处世方面，或者财务上、感情上、事业上的秘密，都能和朋友互相协商，一起分享。

五、不揭彼过。好朋友可以规劝，可以勉励，但是不能张扬他的过失。你张扬他的过错，让他很难堪，就不是好朋友了。

六、遭苦不舍。当朋友遭遇困难、痛苦、受灾受难的时候，你不可以舍弃他；不能因为朋友一时潦倒就弃之不顾，这种势利眼的人日后也会遭到朋友唾弃的。

七、贫贱不轻。和朋友相交，在他荣华富贵的时候固然很欢喜，万一贫穷、失意、受苦受难的时候，你也不能轻视他，能够贫贱不轻，才是真正的患难见真情。所以和朋友相交，贵在彼此相互帮忙、相互协助，你能付出多少，朋友必能回馈多少。

不当之友

在社会上，每一个人都需要朋友，朋友当中有好朋友有坏朋友：好的朋友可以患难同当，不时给你忠言，所谓“友直友谅友多闻”；不当的朋友是酒肉朋友，只想利用你，这就是不好的朋友。不好的朋友有四种：

一、笑而不笑的朋友。有时候朋友在一起，大家有说有笑的，唯独他不笑。为什么他不笑呢？因为他心里有鬼。心里有什么鬼呢？或者他嫉妒，或者他不以为然。这种经常心怀鬼胎、居心叵测、应当笑而不笑的朋友，就不是好朋友。

二、喜而不喜的朋友。朋友应该是甘苦与共，当一方做好事，自益益人的时候，对方应该随喜赞叹。如果你做了好事，他不喜欢，你成功了，大家都在祝福庆贺，他反而不欢喜，这就不是好朋友的行为了。

三、耻而不耻的朋友。“人非圣贤，孰能无过，知过能改，善莫大焉！”做错事了应该惭愧时，他不惭愧；应该羞耻时，他不觉得羞耻；应该难为情时，他不觉得难为情。和这种人做朋友，是很可怕的。因为人之所以为人，就是有羞耻之心，如果一个人不知道羞耻，不知道惭愧，又何异于禽兽？所以和这种人相处就很不妥当了。

四、听而不听的朋友。当你讲好话给他听，他不听；你把好事分享给他，他也感到不屑，不想知道。跟这种朋友来往相处，就要特别小心了，因为他并不是可以互相勉励、互相切磋的益友。所以，好的朋友，要多多跟他亲近、请教，不当的朋友就要跟他远离。

如何认识益友和损友

世间每个人都需要朋友。朋友有所谓的益友与损友。什么叫益友，什么又是损友呢？在佛经里说朋友有四品，就是四种朋友：

一、有友如花。有的朋友像花一样，当你盛开的时候，他把你插在头上，供在桌子上；假如你凋谢了，他就把你丢弃。也就是说，当你拥有权势、富贵的时候，他把你捧得高高的，凡事奉承你、随顺你；一旦你功名富贵没有了，失去了利用的价值，他就背弃你，离开你。这是嫌贫爱富的朋友。

二、有友如秤。有的朋友像秤一样。如果你比他重，他就低头；如果你比他轻，他就高起来。也就是说，当你有办法、有名位、有权力时，他就卑躬屈膝、阿谀谄媚地向你低头；等到你功名权力没有了，他就昂起头来，看不起你了。

以上两种是不好的朋友。另外还有两种好的朋友：

三、有友如山。有的朋友像高山一样，山能广植森林，豢养一切飞禽走兽，任凭动物聚集在里面，自由自在地生活。所以好朋友像山，有着广阔的心胸，就像孟尝君一样，有食客三千，能容纳很多的朋友。

四、有友如地。有一种朋友如大地，大地能普载万物，我们在大地上建房子，栽种花草树木，乃至人、车行走其上，大地都毫无怨尤地承受着。所以，像大地的朋友，可以普载我们，替我们担当，替我们服务。如山如地的朋友都是益友。

心理的病态

每个人都有生病的时候，身体有病，就要给医生看。我们的心理也会害病，心理的病，就是贪婪、嗔恨、愚痴、嫉妒、邪见等等。心理上有病时，也应该设法加以治疗。身体肮脏时要用水来洗，心理上有了肮脏，则要用真理的法水来洗净。

心理上到底有些什么病？什么是心理的病态呢？

一、幸灾乐祸的心理病态。有的人，看到人家富有、成功，就嫉妒他；看到人家受苦受难，反而很得意，甚至落井下石。这种幸灾乐祸的心理就是病态。

二、同归于尽的心理病态。一般人都不希望别人好，譬如看到这个人很会做学问，就说做学问有什么好；看到人家事业有成，又说会做事业有什么了不起。总要说些冷言冷语，总希望别人这个不好，那个不好，最后世间的所有人都不好。这就是“同归于尽”的心理病态。

三、磨人为乐的心理病态。青年守则里有一则“助人为快乐之本”，但现在社会上却出现一个现象，以折磨别人为快乐。尤其是官僚主义盛行，有事请这种人帮忙，他便推三阻四折磨你，这就是“磨人为快乐之本”的心理病态。

四、损人为己的心理病态。一般人都有私心，所以经常为了一己之利而侵损别人，这就是损人为己。另有一种人，甚至做出损人不利己的事，这是一种严重的心理病态。

五、损人不利己的心理病态。有些人做事，从不考虑清楚，对他人有利的事情他不做，甚至对他人有害、对自己也有害的事，他却糊里糊涂地做，因而造成损人又不利己的后果，自己也有亏道德、操守。

六、信坏不信好的心理病态。所谓“好事不出门，坏事传千里”，有的人，你跟他介绍一个好人，说一件好事，他不相信；但说哪个人偷窃，哪个人盗抢，哪个人家有奸情，他就信以为真。这就是信坏不信好的心理病态。

七、畏果不畏因的心理病态。有些人做坏事的时候，心中总是抱着侥幸的心理，等到果报来了，才开始后悔，才感到惊慌畏惧。这就是畏果不畏因的心理病态。

八、信假不信真的心理病态。一般人都喜欢好听的话，乃至褒奖自己的话，因此真话他不相信，宁可相信假话，这是人的劣根性。

以上这些心理的病态如果不除，好的善法便不能灌注到身心里，反而让世间的罪恶、虚伪常驻心中。因此，我们应该经常自我观照，自我疗病。

如何处世

世上人人勤奋求学，以求取高深的学问。学问有什么用呢？用在做人处世上。做人处世的学问是最大、最多、最需要的。如何来处世呢？我有四点意见：

一、以和合他人来处世。我们无论做什么事情，先重视融和，先重视大众的和谐。做什么事情之前，都应该把各种因果关系、人际关系考虑清楚。不要迁就这一边，得罪了那一边，和合处事才能事半功倍。

二、以摄受他人来处世。我们做什么事情，只要对别人有利益，你不去找他，他也会来找你。你如果做什么事情都损害别人，侵犯别人，你去拜托他，请求他，他会退避三舍。因此菩萨度众生，所谓四摄法，有四个方法可以摄受，就是：布施，将自己有的与你布施结缘；爱语，我讲好话；利行，我帮助你，给你方便；同事，我跟你和合圆融，以同样的身份去摄受他人，才能办好事情。

三、以恒顺他人来处世。现在很多人，做什么事都太执著自己，抬高自己，不迁就别人，不尊重别人的意思。在普贤菩萨的十大愿里，有一个大愿叫“恒顺众生”，恒顺众生就是民主，就是重视民意，凡事大众沟通议决，尊重大众的意见。

四、以觉悟他人来处世。做什么事情，不要愚民政策，不要有所隐瞒；凡事要让人知道，让人明白，达成共识，这样处世就好办了。

我们需要的社会

社会是一个大家庭，每一个人都不能离开社会，每一个人都应该关心社会，共同建设一个我们所需要的好社会。我们需要什么样的社会呢？

一、要有美好的环境。近年来，由于教育普及，知识水平提高，大众已普遍懂得注重环境保护，也知道美好的环境要靠大家一起来爱护。其实，佛教自古以来就十分重视环境的美化，譬如整理山林，种植树木，把寺院建筑得富丽堂皇、庄严巍峨。可以说佛教是最早、最懂得美化环境的。而今虽然已有很多社会人士开始注重环保工作，但是仍不够，我希望全民大众一起来爱护我们生存的环境，让我们拥有美好的生存空间。

二、要有安全的居所。安全的居所是生存的要件，它可以使我们感到平安、愉悦。可是放眼今日社会，抢劫、绑票、枪杀、恐吓等案件层出不穷，严重地影响到我们生存的权利。我们需要一个安全的居所，因此人人应该挺身而出，共同努力，打造一个安全的生存环境。

三、要有善良的亲友。亲戚朋友是仅次于家人与我们最亲的人，我们对待亲戚、朋友，不要能欺则欺、能骗则骗。大家应该互相爱护、互相尊重、互相帮助，这才是好亲友。所谓“善友第一亲”，善友不怕多。

四、要有自由的生活。自由是人类共同的追求，自古以来，许多人宁可牺牲生命，也要争取自由，可见自由的可贵。我们现在的社会，有的人晚上不敢出门，或者偏远的地方不敢去，或者某一个社区不安全，这就是生活自由受到了威胁，大家要有争取生活自由的道德勇气。

五、要有净化的感情。每一个人都有感情的生活，真正的感情不是占有，而是一种奉献，唯有从奉献中获得的感情才是最崇高的感情。所以我们应该化占有为奉献，这就是感情的净化。

人我社会的和谐

有时候，一个人生活固然难，譬如一个人有很多的理想、妄想，内心种种情绪的冲击，弄得自己很不安宁。至于人我之间，一个人、二个人、三个人……乃至整个社会大众千千万万人，相处更困难，和谐更困难。因此，我把自己体会的人我社会和谐的条件提供出来：

一、不嫉不疑。有一首偈语说："山也空来水也空，随缘变现体无穷；青山绿水依旧在，为人疑忌难相容。"我们和大众相处，最怕的是彼此相互嫉妒、怀疑。疑心，会造成分裂；嫉妒、嗔恨心，也会形成人际的冲突。因此，人我之间如果能够不嫉不疑，你喜欢我，我信任你，自然能彼此融洽。

二、不打不斗。俗话说："做人要争气，但不要斗气。"人我之间，不要用心思打击别人，用言语打击别人，用种种方法打击别人。也就是，不要和人斗争、斗气。

三、不欺不凌。我们和别人相处，不要仗势欺人，不要处处想要凌驾他人。一个人能够与人和平相处，与人为善，必能受到大家的敬重；如果人人都能对人不欺不凌，社会必然安定祥和。

四、不妄不骗。和别人相处，不妄语、不欺骗。信用是做人的根本，如果没有信用的话，你一次说谎、两次说谎，常常妄语，再有办法，别人也不会喜欢的。做人不但要守信用，不妄语，还要不骗人，不要用诈术欺骗别人，掠取利益。因此，不妄不骗是人我和谐的要件。

工作的信条

人都要有工作，有的人在工作里面常常感到挫折，感到不如意；有的人则充满了活力，充满了兴趣。原因何在呢？就是对工作既要热爱，又要有信心。工作是神圣的，工作没有好坏之分，只是在于人为。所以工作的信条很重要，我提出四点心得：

一、给人信心。我们在工作的时候，要专心勤敏，让人家对我们有信心，觉得我能胜任。

二、给人希望。我们要给人希望，觉得我的工作会带来成就，带来建设，带来无限的希望。像有人生病了，高明的医生就会说："你这个病不要紧，可以医好！"这样，病人就有了信心，有了希望，再配合医药治疗，就容易痊愈。不高明的医生就会说："你的感冒很严重啊！你的胃痛很危险啊！"病人一听，就会害怕，就没有信心了。

三、给人欢喜。所有的工作，不是给人痛苦的，是要给人欢喜，让人家有"帮我的忙"的欢喜，让帮助我的人欢喜，让领导我的人欢喜，让一切人欢喜。

四、给人方便。和人相处，你渴了，我倒一杯茶给你；迷路了，我为你引路；地脏了，我打扫干净，便利大家来往休息，这都是给人方便。

我们能够做到给人信心，给人希望，给人欢喜，给人方便，那么自己也会有信心，也会有希望，也会很欢喜，也会得到很多方便助益。抱着这个工作信条去做，你必定能成功。

工作的态度

工作即生活，所以，世上每一个人都不能没有工作。要工作，就必须对工作有一个健全的态度。什么是健全的工作态度呢？

一、任务必须明了。对于自己身负的任务必须要有正确的认识与了解，然后才能尽心尽力去执行。

二、资料必须精确。有关工作的资料必须准确，尤其现在是信息的时代，讲究统计资料，对于数据资料尤须精确。

三、说明必须扼要。向上级报告，或对部属说明时，必须简明扼要，不能太啰唆累赘，才不会令人生厌，才能获得大家的欣赏。

四、分析必须透彻。向上级作分析，或对部属解说时，除了注意简明扼要，还必须透彻明了。

五、比较必须深入。工作上，要不时搜集各种资料与实际的例子，从各方面作分析比较。分析时要客观，比较时要深入。

六、建议必须具体。一个团体，一个机构，人事组织庞大，当我们有任何建议时，必须具体，如果不具体而空洞，或者不切实际，就无法受到尊重与采纳。所以说工作人人会做，巧妙各有不同。

如果我们想把工作做得很好，不但在学识上要有相当水平，工作态度认真也非常重要。

如何工作处众

一个人，每天都要工作，都要和人相处。那么该怎样工作处众呢?

一、上下坦诚交流。在生活周遭里，我们扮演各种角色，也有形形色色的朋友，相处时，最重要的是彼此要坦诚，意见要交流。

二、彼此融和尊重。所谓“和气生财”，是要建立在互相尊重、彼此包容之上。

三、工作主动勤奋。对工作，我们应该采取主动的态度，不需要别人的催促，即便四下无人时，也一定勤奋地工作。

四、自我拟定计划。凡事都有计划，则事半功倍；没有计划，临时仓皇，必不能成事。

五、待客至诚真切。对待客人、朋友要诚恳真实，相处才会无争，做起事来自然顺利。

六、事理研议通达。对一切的事与理，都要能通达。最怕的就是做人不能通情达理，对事情愚昧无知，而惹上麻烦。

如何创造事业

每个人都有很多梦想，在这么多的梦想中，总希望自己的事业能有所成就。我们的事业如何才能有成就呢？以下四句偈可以给我们启示：

一、从合群中广结人缘。一个人的事业光靠自己的努力是不够的，还得依靠大家，所谓“众缘和合”，所以我们要有一个合群的风范，与人友善相处。你要想让大家接受你，就必须广结人缘，给人很多的帮助，助人者人恒助之。

二、从工作中发挥热忱。要想创造事业，就要对工作有兴趣，对工作有信心，更要能发挥热忱。

三、从节俭中乐于喜舍。创造事业的人，对自己一定要节俭，对别人要宽厚。节俭，不光只是财物上的节俭，也包括时间上的节俭、感情上的节俭，所以必须懂得处理运用金钱、时间、感情，并把节俭下来的财富布施给大众，让大众共同来分享你的财富。

四、从勤奋中创造明天。我们要从勤劳奋斗里创造新希望，希望事业越来越开展，越来越茁壮。“勤有功，嬉无益”、“早起的鸟儿有虫吃”，从奋斗中才有明天的收获。

与主管相处之道

在工作岗位上，一定有领导人，有主管。身为一个部属，如何与主管相处呢？

一、受责不怒颜。受责备的时候不要生气，即使生气也不要展现在面孔上，否则彼此日后再见面会很尴尬。

二、工作不拖延。工作的时候，不要拖延，争取时间，积极工作，争取自己更多学习的机会。

三、听命不违逆。应该听命的时候，不要违逆；主管有所指示，不要违逆。全力以赴，尽其在我。

四、报告不隐瞒。机关里、公司里有什么事情都要向上级报告，不要隐瞒，才能上呈下达，容易完成任务。

五、随众不特权。随着大家工作，不要弄权舞弊，不要享有特权，才不易受人嫉妒、猜疑与排斥。

六、敬业不偷懒。对于工作、事业，要有一种兢兢业业的精神，用恭敬的心努力去争取成绩，不要偷懒。

七、私情不尽利。不要徇私、拉关系，所作所为不要投机取巧。生命上不求有利于我，但求心安与有义于我。

八、积极不颓唐。要有积极的精神，不懈怠，不因循，不敷衍。

九、慈悲不孤僻。和主管相处，要用一种尊敬、爱敬的心，不要古怪孤僻，常常闹情绪，这样是没有人缘的。

十、活跃不呆板。做什么事要活泼一点，灵巧一些，不要呆板。

十一、进步不落伍。一切都要有新的思想、新的观念，不要落伍，才能跟随时代潮流，不被自然淘汰。

十二、圆融不极端。凡事要圆融，不要极端。圆融的人事相处，圆融的办事技巧，圆融的主客关系，有圆融才能成事，极端做事易害己害人。

与员工相处之道

现今社会普遍存在着劳资问题，在佛教经典《善生经》中，早就有佛陀倡导资方如何对待员工的方法，其中有五点特别提出来给现代人作参考：

一、每呼使役，莫令过分。我们对待员工不可以让他过分辛苦、过分劳累。比方说每天工作不超过八小时，每个礼拜有一天或一天半休假，不可以过分劳累。

二、饮食以时，彼饥如己。员工的饮食要关怀，该何时吃饭就应让他吃饱。有打嘴、骂嘴的，没有饿嘴的，不能让员工挨饿。对他的生活待遇也该关怀，如果待遇不够，应该提高待遇让他能够生活安稳，才有心情工作，要有人饥己饥的胸襟。

三、劳动定时，有暇令息。上下班时间要固定，不能常变动；有闲暇假日，也不能老是借故要员工加班，而应该让他有适当的家庭生活、适当的个人休闲活动。

四、病时与药，速令康复。假如说员工有了疾病，要给其劳保，你要帮助他，使他康复，乃至维护他的家人健康，使他无所牵挂，安心为你服务，为你工作。

五、多余财物，常应赐予。所赚的钱能均分给员工，员工就会忠心地帮你赚钱；你不给予，没有奖励，员工日久提不起劲，就增加不了利润。

在佛教里，佛陀慈悲，早就注意到对待员工的问题，他的主张与现代的劳动法非常吻合。

如何进步

进步是人人所希望的，包括事业上的进步、学业上的进步、道德上的进步、人格上的进步。人总想自己能步步高升，可是进步必须有进步的条件。什么是进步的条件呢？

一、要自省自责。进步不能靠别人给，我们自己要不断地反省、不断地责备、不断地要求，在不断的自省、自责与要求之下，道德、学问才会有进步。

二、要自立自强。进步不能光靠别人，也不能光靠上天给。进步是靠自己的辛苦、勤劳、奋斗才能获得的，所以必须要自立，建立自我的信心、自我的观念、思想与正见，然后自强。俗话说："天助人助，不如自助。"

三、要自尊自信。要求进步，但自己没有自尊心、自信心，怎能进步呢？所以对自己要觉得"我能"，相信"我能"，有了自我的尊重、自我的信心才能有所成就。

四、要自教自悟。进步是要自己来教自己，自己做自己的工程师、教师、美术师，来美化自己的语言、思想、威仪、智慧与知识，这样才能有自我的觉悟。每个人每天都要有一点觉悟："我懂了，我知道了！"不断地觉悟，才会加紧健全自己前进的步伐。

成功的观念

每个人都希望自己的学业能成功，事业能成功，做人能成功，什么都要成功。但是想成功，先要建立一个好的观念，没有好的思想、观念，则差之毫厘谬以千里。成功的观念有四点：

一、只问耕耘，不问收获。无论是做事业还是读书，只要用心努力去做，不斤斤计较得失，所谓“只问耕耘，不问收获”。

二、只慰他苦，不祈我乐。和人合伙共事要常慰问别人的辛苦，关心别人的辛劳，不要太过计较自己的利益、安乐。如果你和人相处太计较，不关心别人，又如何能获得别人对你的帮助呢?

三、只想付出，不求回报。做什么事情都要希望自己能有一个目标，有一个收成，但在慎思及工作以后，就要想到给国家多少利益，给社会多少利益，给大众多少利益。要想到给人，不要凡事计较，免得最后都成空。

四、只顾成就，不计辛苦。我们做什么事情要想成功，要求圆满，为了成功何妨委屈，为了圆满必须辛苦，因为天下没有不劳而获的事。你要怎样收获，就要怎样栽，所以不计辛苦地付出必定能成功。

升迁的条件

一个人总希望不断地受重视，不断地往上升迁。而不断地向上升迁必须具有优秀的条件，其条件有四点：

一、集众多的福德因缘。我们要往上升迁，不是无缘无故唾手可得的，必须自己先要有优越的条件，最重要的是具足福德因缘。你要有福报，你要有道德，你要有因缘，你才具备升迁的条件。明白说，这个社会是很公平、公正的，只要有能力，别人想压抑你，也压抑不了；如果你不具有能力，要想往上升迁，再三妄求也不易获得。

二、有无边的慈悲方便。你要往上升迁，必须有无边的慈悲方便，就是你要心地很好，行为很好，智慧方便俱足。助人助己，当然就会受到重视。

三、具甚深的悲智愿行。你要升迁，就要知道：自己的能力有多少，愿力有多少，智慧有多少，慈悲有多少。你如果有观音菩萨的大慈、文殊菩萨的大智、地藏菩萨的大愿、普贤菩萨的大行，悲智愿行都能具备，升迁当然就不难了。

四、发久远的菩提道心。你要精进向上，要有毅力，不能常常闹情绪，常常灰心，没有勇往向前的气概，当然就不具备升迁的条件。

如何没有怨家仇敌

世上最苦的莫过于常有许多仇敌故意找麻烦，以致活得很不自在。如何消除怨家仇敌的陷害呢？下列四个方法提供参考：

一、以无谄心亲近善友。为人，其心应该正直，亲近心正意直的朋友，所谓“友直友谅友多闻”，不要有谄曲心，不要颠倒妄言。佛教里将善友分为两种，一种是如地，一种是如山。如大地的朋友，他可以普载我们；如山的朋友，他可以让花草树木、众鸟飞集，以它为倚靠。另外，也有两种不好的朋友：一种是如花，你开得美好，他就利用你，等到你枯萎后，就丢弃你；一种是如秤，当你拥有金钱与地位时，他就向你卑躬屈膝，当你一贫如洗时，他就傲慢轻视你。因此，我们要交如地、如山的朋友，而非如花、如秤的朋友。

二、于他胜法无嫉妒心。我们见到人家有钱有势时，应该心存欢喜与祝福，并且引以为荣，不要存有嫉妒的心理。

三、于他获名誉心常欢喜。人家获得名誉、地位，我们应该感同身受，充满欢喜。

四、于菩萨行无轻毁心。所谓菩萨行，就是慈悲、忍耐、菩提、禅定、戒律……我们要尊敬他人，不可以轻慢他人。

居上位的条件

我们常常希望比人好，比人高，自己的地位能居人之前，在人之上。但是我们要怎样才能站在人前、在人之上呢？所谓居上位者，必须要具有居上位的条件：

一、要有包容的心胸。世间上，你要拥有多大的事业，须视你的心胸有多宽大而定。你不能容人，人就不会跟随你；你不能容事，事业就大不起来。所谓“宰相肚里能撑船”，佛陀的心胸可包容天地，我们佛弟子学习做人、做领导，都要先能宽宏大量。你的心量能容一家人，家才是你的；你的心量能容一个机关，机关才是你的；你的心量能包容一个国家，你才能做国家的领袖；你的心量能包容宇宙，宇宙才是你的。居上位的人，能有多大的心胸心量，就能享有多大的成就。

二、要有承担的勇气。在上位的人，如不敢承担，只是一味地推诿、敷衍、得过且过、没有责任感，这样是不能成事的。所以我们想要当领导人，从小就必须学习担当，你能担多重，相对地就能有多少的事业。

三、要有决断的智慧。有的人常会犹豫不决，事情来了，不知所措，所以须有决断的智慧。

四、要有主动的精神。你不能天天坐以待毙，而要主动去发掘问题、解决问题。因此，主动的精神也是身居上位者必要的条件。

领导七法

在《阿含经》里，佛陀曾经告诉我们治国的方法和领导团体的方法，共有七点：

一、常开会议。领导国家、领导团体的第一要件是民主，要听取结合大家的意见，要常开会议，沟通想法。

二、上下融和。上下如果有意见，有隔阂，分散了力量就不好。

三、尊重法治。不可以人治，要依法不依人，尊重法治，依制度办事，从制度中建立秩序。

四、以礼教化。对于社会要讲礼，中国的儒家非常重视礼教，所以人与人之间都有礼，人与事之间也有礼。

五、孝亲敬老。凡是一个好的团体、一个好的国家，对于长辈、亲人都很尊重。

六、护持宗教。一个文明的国家对于宗教是很尊重的。

七、接应十方。国家的领导人、团体的领导人，最重要的是对外要广施仁爱，给大家种种的优待、种种的服务，如此的国家、如此的团体才会受到尊重。

如何领众

我们中国社会里，有一句俗谚说："宁为鸡口，不为牛后。"就是宁可做鸡头，也不要做牛尾。要做头首，就要讲究领导。我们要如何领导别人呢？有四点，希望有心人参考：

一、不要轻视别人。你要领导别人，对别人就要有尊敬、有尊重，不能轻视他。你看不起他，他就不会接受你的领导。所以尊敬别人就是尊敬自己，你要想领导别人，先要尊敬别人，不可以轻视别人。

二、不要争相领导。领导是一种众望所归，要让别人对你心悦诚服，让大家欢喜接受你的领导。你如果跟别人争取领导，别人不服气，纵然得到了领导的地位，也必定会受到反抗、反击，麻烦就很多。

三、不要推卸责任。一个成功的领导者，要有担当。对待部属，有时要代他受过、代他担当，不要推卸责任。不要光荣和成就都是你的，过失统统都是部属的，那么大众是不会服气的！

四、不要猜忌多疑。一个领导人对于自己的部属，不要常常猜忌他、多疑他，总是以不信任的态度对待他。一个部属如果知道领导人对他不信任，对他怀疑，你要想他对你忠诚地服务，是很不容易的。所以我们讲到领众，尤其是地位越高，自己所付出的要越多。要想在众人之上，你必须要更加谦虚，更加爱护大众，你的领导才能有成就。

如何处众

人不可以离开大众而独自生存，人是社会性群居的动物，需要和大众共同一起营求生活，所以如何处众是一门很大的学问。我提供四点意见：

一、不要情绪冲动。在大众里面，最怕的就是自己的情绪冲动，动不动就喜怒哀乐表现得一点都不保留，既伤害了别人，也伤害了自己。所以面对大众，欢喜时不要得意忘形，伤感情时也不要形诸脸色、语言。克制情绪的冲动，在处众里面是非常重要的。

二、不要观念不纯。在大众里面，你的一句话、你的一个行为，都要让人家尊重，千万不要不明事理、不分是非、不会权衡轻重，也不明白善恶好坏。这样的观念不纯，是不会得到别人尊重的。

三、不要缺乏信心。在大众里，很多人总觉得我比别人差，我不如别人，我事情做得没有别人好，我说话也没有别人流利，我的能力也不比别人强，不要这样对自我缺乏信心。人不必和别人比较，你纵使能力智慧不如别人，如果你肯发心，你肯忠诚，你愿负责任，你还是比他人好，所以对自己要有信心。

四、不要输给屈辱。在人群之中，难免会受到别人的伤害、别人的侮辱，说你讲话不当，说你做事不好，说你能力不够，说你种种的缺点，你不必伤心，不必难过，不必输给别人加诸你的屈辱。面前种种屈辱，我们要知道检讨反省，知道改进向上，必然会有成功的时刻。

入众五法

社会上有些热门的学问，大家都想要学习。像社交礼仪的常识，我们要知道；国际间的礼仪、礼貌，我们也要学习。今天以佛教的入众五法来解说，就是我们到大众里、到社会上的五个法门，也就是社交礼仪的五个法门：

一、能谦恭下意。社会上人与人交往，谦虚恭敬很重要。有人说，世界宇宙有多高？五尺高。五尺高的宇宙如何能容纳我们这六尺之躯？所以我们必须要低一点头。因此，谦虚下意才能获得朋友。

二、知次第坐处。我们进退动静，一定要知道谁比我们长，谁比我们大，谁比我们高，要礼让他，要知道尊卑次第，要知道自己的坐处在哪里。你的地位很高，让晚辈、部属坐到前面也不适宜；你的地位很低，硬是抢到前面去坐，也不合礼节，所以应对进退的分寸拿捏得宜。

三、不论说余事。和人谈话，要讲正事、谈正题，不要常常偏离主题，常常自我宣传、自吹自擂、自我膨胀，这是不会受人欢迎的。

四、要悉心聆听。要用心聆听别人讲话的内容，不要光是发表个人的意见、不懂得聆听别人讲话的人，否则不会有圆满的社交。

五、能信受奉行。对于别人的意见，我很相信，我能接受，你说得很对，我愿意照做。

我们如果能把佛教的“入众五法”应用到生活里，应用到社会人际关系上，对自己必定有很大的利益。

青年之病

我们常以为老年人比较容易生病，青年比较少生病。其实老年人生病是由于身体衰老了，是一种自然的病象；可是年轻人的病却不是身体上的，而是行为上的、语言上的、性格上的、心理上的病。

青年之病有哪些呢？

一、不耐烦而无恒。意谓做什么事都不耐烦，读书换学校、换科系；就业换公司、换机关、换主管。不耐烦而没有恒心。

二、不落实而幻想。不脚踏实地，好高骛远，妄想纷飞，幻想将来而不切实际，不肯认真切实地去实践。

三、不回头而任性。人要懂得瞻前顾后，不要太任性，为人处事要懂得转身，懂得回头。

四、不认错而执著。人非圣贤，孰能无过，知错能改，善莫大焉。不认错，不改过，执著就没有进步。

五、不着意而无心。凡事他不在意，你讲的好话不留心听，你做的好事不留心看，一切漫不经心。

六、不立愿而无志。青年人不发心，不立志，不发愿，不想将来要做个圣贤，要做个有用的人，要对人类有贡献。

七、不行慈而自私。对他人不讲慈悲、不讲友爱，凡事自私而行。

八、不求深而肤浅。凡是读书、做事都不求深入研究，只是表面做文章，沦于贫乏肤浅。

一个公务员应有的观念

在公家机关服务的人员，支领国家老百姓的俸禄，是国家政策的执行者，应该要有一些基本的观念，才能把一个公务员的职责做好。身为公务员应有的基本观念有四点：

一、要有因果的观念。在公家机关服务，里面有很多的公物、很多的权力，很多的近水楼台，如果没有因果观念，就容易动心，容易受物质的诱惑。能够有因果观念，就不会贪污，所谓悉数归公、一丝不苟，自己也不会出差错。另外，还要有不抱怨的精神，因为你为公家服务，有时工作虽多，但不一定有人体贴你，或有任何的奖赏表扬。因此，再多的奉献，都要视为理所当然。这就是因果观念，你种了因，必定有好果的。

二、要有忍耐的力量。因为有忍耐的力量，你才能担当，才能负责。现在的公务员，最要紧的是能担当而不推诿。这个担当的勇气，必须要能忍，忍才是力量。

三、要有敬业的精神。我们为公家服务，每天上班八小时，就要把这八小时的工作做好，工作的时候要专注，要有乐趣，才能乐于工作。

四、要有感恩的美德。要感谢国家给我荫护，感谢社会大众给我服务，感谢同事给我帮助，有了感恩的心，不论多忙多累，都会有动力有欢喜地去做。

一个好公务员的自我要求

现在为国家、社会、大众服务的公务人员为数甚多，怎样做好公务员是个重要的课题。做一个公务员自我要求是很重要的，如何自我要求呢？

一、不犯法，守法重纪。公务员负责执行国家的法律，如果自己都违法，那就是上梁不正下梁歪。所以不犯法，守法重纪，是每一个公务员最要紧的自我要求。

二、不磨人，认真服务。现在公务员有时对人服务不热心、不亲切，官僚作风找人麻烦，以磨人为快乐之本，不以服务为快乐之本，这不是正确之道。像是有人要申报户口或申请文件，应该认真服务，不刁难人，不折磨人。

三、不嗜酒，荒乱身心。酒不但伤身，而且误事。此外，烟也不能抽，烟伤害人致使内脏生癌。我们不抽烟喝酒，就不会损害身心。

四、不自私，去执从公。公务员应以公为重、以公为首，如果自私自利则无法胜任公职。所谓“私”是自我的主见、自我的执著，如能去执从公，不自私，就能做一个好的公务员。

五、不过劳，保其健康。为了不让公务员太过于辛劳，现在的公务员都有休假，在休假中调整自己的身心情绪。也不要以为当了主管就不该休假，有时也要强迫自己休假，因为休息是为了走更长远的路。

六、不贪污，金钱清楚。为公家服务，要紧的是清廉、不贪污，因为贪污就污染了自己的名誉、人格。最重要的是金钱上要清楚，丝毫不苟，公私分明，不当的金钱往来我不要。

七、不暴怒，性情平和。在公家服务，有时候工作忙压力大，长官部属要求又多，但即使这样也不要发脾气。在佛门里常讲“一念嗔心起，百万障门开”。嗔恨之火能烧毁功德之林，所以不暴怒、亲切平和是服务的根本。

八、不诿过，尽心负责。公务员有失误的地方，要自己担当，不要推卸责任，过于维护自己，因为如此一来，别人不会欣赏你、不会喜欢你。

九、不怪僻，群处和睦。做人不要怪僻，要合群、随缘、随喜、随众，和睦第一。

十、不悭吝，慈悲喜舍。一个公务员不要太过小气，太为自己，要多一点时间加班，多辛苦一点，多受一点委屈。有了时间，多帮忙人；有了力量，多帮忙人。所谓慈悲喜舍，就是给人多一点慈悲，多一点关心，多一点友爱，就会获得别人的尊敬。多一点喜舍，人家也会欢喜多亲近你。

做一个健全的社会人

我们在社会上做人，都希望自己是最好、最有办法、最健全的人，这是要有条件的。做一个健全的社会人，需要四个条件：

一、会意接受更改过。首先要有会意的灵巧，即人家的一个动作、一句话，我都能会意。如果无法体会他人的意思，便是呆板不灵巧。另外，也要尽量学习接受人家的意见，不断改掉自己的缺点。

二、应对表情加忠心。与人应对，要有表情。一个微笑、一个回答、遣词用字，以至于点头，都必须表现得恰到好处，不温不火。在今天这个彩色的世界里，人就是要有忠心，要有表情，在言谈举止中，让人家感觉到我是一个很可靠的人，有反应的人。

三、思维贯通威仪好。要有思维，要有思想，凡事都必须三思而后行，彻底分析，然后融会贯通。一举一动要具备威仪，当进则进，当退则退，当说则说，当沉默则沉默，这就是所谓的“行如风，坐如钟，卧如弓，立如松”。

四、发心主动计划多。我们还要有发心，发心就是立志、立愿，自己欢喜乐意，主动地去做。然后还要周详的计划，表示我有办法，有能力，有一套一套的计划、方法，这样才是一个健全的社会工作人。

卷三

美化每一个人的心

每个人从小到大，父母养育我们，师长教育我们，社会供应我们，我们每天都在接受。我们要如何回馈我们的父母、师长、社会大众呢？首先要懂得感恩，有了感恩心，就会发愤图强，做个有益社会大众的人。

健全的人生（一）

在佛教经典中，有许多至理名言，如果我们能奉为座右铭，实在都是建设我们幸福人生的指南。如《华严经》的“不忘初心”、《维摩经》的“不请之友”、《八大人觉经》的“不念旧恶”、《大乘起信论》的“不变随缘”，这四句话可以健全我们的人生。

一、对自己要不忘初心。我们对于自己，要能做到不忘初心。每一个人不管是读书或是工作，都有一个志愿，都有一个最初的发心。比方说，我想做一个公务员、教师、企业家、记者、演艺人员……你如果不忘记自己最初的发心，就会锲而不舍地一直向前迈进，把该做的工作做好。

二、对国家做不请之友。一般的朋友都是需要请托才肯帮忙，其实真正的好朋友，是当你有苦难的时候，不要你去请他，就会自动地来帮助你。我们不只是对朋友应该如此，对国家、社会更要做不请之友。

三、对朋友应不念旧恶。有些人常常对朋友计较，念念不忘朋友从前的过错，这样一定交不到朋友。交朋友必须能够互相了解、互相体贴、互相原谅，不念旧恶的人容易交到好朋友。

四、对社会能不变随缘。我们在社会上，有时候过分执著己见，不喜欢与别人合作固然不好；有时候过分随众、没有原则，人家也会看不起你。所以最好能够随缘不变、不变随缘。也就是说要有自己的原则，但也要有和人随缘相处的风度。

健全的人生（二）

每个人都希望自己的人生活得非常圆满，非常健全。如何才能活出健全的人生呢？

一、去傲慢受委屈。我们都知道，稻子越成熟，稻穗垂得越低，所以做人要懂得谦虚。尤其我们如想做个最有本领、最高明的人，首先要去除我慢，要能忍受委屈。一个人越不傲慢，就越受人尊敬；越肯受委屈，成就会越高。所以，去傲慢受委屈非常重要。

二、勤作务惜福报。我们要健全人生，必须要勤劳作务，对工作要认真负责，尤其要爱惜自己的福德因缘。有很多人为什么会发财？因为有福报！为什么他的事业能成功？因为他有福报！福报就等于银行的存款，你必须爱惜你的存款，才不会浪费。尤其在今天这种弥漫奢侈风气的社会，大家更应该有惜福的观念。一个人能拥有多少福报？用完就没有了，所以要勤作务，要多惜福。

三、有热忱爱社会。人活在这个社会上，必须要有热忱，要有爱心，要像太阳的光热照耀世界，你对别人有热忱，大家就会喜欢你；你爱社会，社会就会支持你。今天我们如果没有社会大众，我们的衣食住行从哪里来？如果没有国家，“皮之不存，毛将焉附”？所以要有国家，有安定的社会，才有健全的我们。

四、发信愿真修行。我们要健全人生，自己必须要有信仰，有愿力。如何真正地去修行？首先对于社会，对于国家，对于家人，对于自己，要扮好自己的角色，要负起应尽的责任。要发信愿，要真修行，如此才能健全自己。

人生之最

人生有二十“最”，是我从生命中体验出来的，好的要保留，坏的要避免。这二十“最”是：

一、人生最大的敌人是自己。一般人总是把对自己不友好的人当成是自己的敌人，其实人生最大的敌人不是别人，是我们自己。因为外面的敌人容易了解，容易防备，反而是自己不容易认识自己，不容易明白自己，不容易控制自己。我们对自己的贪欲往往禁止不了，脾气、嗔恨也化解不了，于是自己成为自己的敌人，处处招愆怨、惹灾祸。所以人生最大的敌人是我们自己。

二、人生最大的毛病是自私。人是血肉之躯，身体上难免会有老、病、死。其实心理上的毛病更大。心理上的毛病是什么？是自私。人由于自私，不能扩大心量，不能进步，不能升华自己，所以一个人除了注意身体保健，还要把心理上自私的毛病治好。

三、人生最大的悲哀是无知。人生最大的悲哀，不是没有钱、没有势，也不是没有地位、没有职业等等。最大的悲哀是无知、不明理，不能认清世间的真相，不能认清人我的关系，不能了知世界的一切因缘、因果，这是人生最大的悲哀。

四、人生最大的错误是邪见。一般人犯了错误，如果是事情上的错误，还可以改正。最大的错误就是邪见，也就是思想上有了误解，认识上有了偏差。不但不知道自明自正，而且还自以为是，这是现代社会上很多人容易犯的毛病，真是很可怕。

五、人生最大的失败是骄慢。所谓“谦受益，满招损”，一个人如果自高自大、高傲我慢，不管走到哪里，都不会受欢迎，所以骄傲、我慢是人生最大的失败。

六、人生最大的烦恼是欲望。有人说，世间充满忧悲苦恼，因为娑婆世界本来就是堪忍的世界，所以充满烦恼、痛苦。什么是最大的痛苦呢？有人说是饥饿，有人说是情爱，其实真正的烦恼痛苦是欲望。譬如我们对于钱财、美色、饮食的欲望，对于权力、名位的欲望，凡是与我有关系的都希望拥有。因此欲望丛生，当这些欲望得不到满足时，就生起了烦恼。所以人生最大的烦恼是欲望。

七、人生最大的无明是怨尤。无明就是不明白、不明理。因为不明理，所以遇到不如意时就怨天尤人，上怨苍天不保佑，下尤世人不帮忙。对眷属、朋友、国家、社会都怨尤。乃至烦恼怨恨的时候，拿起家里的茶杯桌椅来摔。这就是人生最大的无明。

八、人生最大的忧虑是生死。生死是人生的两件大事，也是最大的忧虑。生时争名夺利，尔虞我诈；一旦无常来临，又恐事业、爱情、财富都将转眼成空，所以不管生时死时，一直忧心忡忡，真是人生的大忧虑。

九、人生最大的过失是侵犯。我们最大的过失，就是侵犯，侵犯人家的生命、财富，侵犯人家的名节，所谓杀盗邪淫，恶莫大焉。

十、人生最大的困扰是是非。有人说有人的地方就有是非。是非让我们感到苦恼不已，但是所谓“是非朝朝有，不听自然无”，只要我们能够做到不听是非、不传是非，就不会争来扰去，徒增苦恼！

十一、人生最大的美德是慈悲。一个人最大的美德，不是长得很漂亮，也不是拥有很多的财富、很高的才能，人生最大的美德是慈悲。所以宁可没有才干、没有学问，但是不能没有慈悲，慈悲心才是真正的美德。

十二、人生最大的勇气是认错。人要有勇气，勇气不是跟人家打架、殴斗，也不是跟人家争执、计较，最大的勇气是自我认错，觉得我不应该说这一句话、我不应该做这一件事、我不应该妨碍你。能忏悔认错的人，才是最大的勇者。

十三、人生最大的收获是满足。每个人都希望自己有所得，有所成就，有所收获。什么是最大的收获呢？要能满足，你不满足，就是睡在天堂也如地狱；假如你满足，地狱也如天堂，所以满足是最大的收获。

十四、人生最大的能源是信仰。我们常说要开发能源，能源不一定是指山中的矿产、海底的珍宝，也不一定是天然气、太阳能。人生最大的能源是我们的信仰，因为信仰里面，有财富，有功德，有宝藏。

十五、人生最大的拥有是感恩。什么人最富有？什么人最贫穷？贫穷的人是随时想从别人那里获得，富有的人则是心存感谢，时时想要施与别人。所以，一个人能够感恩、惜福，他就是人生最大的拥有者了。

十六、人生最大的修养是宽容。每个人都希望自己是一个有修养的人。什么是最大的修养呢？就是宽容。所谓“严以律己，宽以待人”，我们待人要宽厚、要包容，不管别人待你好与不好，都能谅解，都能包容，这才是人生最大的修养。

十七、人生最大的本钱是尊严。人之所以为人，就是因为人有尊严，为此什么都可以牺牲，就是在牺牲折磨的最后关头还是要保留最后的一点尊严。所以，每一个人对自己做人的尊严要重视它，要保有它。

十八、人生最大的欢喜是法乐。一般人总是从外在的物欲感官上寻求快乐。譬如一句赞美的话，就欢喜半天，但是赞美的欢喜一下就过去了；希望得到金钱的欢喜，但是金钱如水流，霎时用尽；希望得到旅行的欢喜，但是千里万里眨眼过去，欢喜也会消失。唯有一种欢喜是永恒的，那就是法乐。法乐就是知识上、见解上、修行上、禅悦上的快乐，是能终身保有，永不逸失的。

十九、人生最大的希望是平安。财富、名位是大家所热衷追求的，但是，如果求得了财富、名位，却失去了平安，这样的人生没有希望，没有意义。所以人生最大的希望是平安，所谓平安就是福。

二十、人生最大的发心是利众。我们经常听到佛教徒劝人要发心。到底要发什么心呢？要发善心、好心，也就是利益大众。譬如我说一句话对大家有利益，我做一些事对大家有利益，我修桥铺路，只要能利益大众，我就会发心去做，这是最大的发心。

如何美化人生

我们常说要美化家庭、美化环境、美化社会，要美化这个，美化那个，其实最要紧的是美化自己，美化每一个人的心，美化我们的人生。

如何美化人生呢？

一、美化语言。语言是人与人沟通的桥梁，我们每天所说的话，要让人感到简洁明了，让人生起欢喜心，尤其要发人深省，增加人的道德，增加人的知识，这就是语言的美化。有的人口中净说些不好听的话，甚至说脏话骂人，这就像厕所、粪桶一样，污秽肮脏不堪。因此，美化了口舌，语言就能清净，所以语言的美化很重要。

二、美化面容。有首偈语说："面上无嗔是供养。"我们给人一个笑容，这也是一种布施。观世音菩萨为什么广受信徒的尊敬供养？这是因为他能慈眼视众生，他能给人欢喜。世间最美的就是笑容，我们都希望看到别人给我们笑容，同样的，我们也要多给别人笑容。所以要时时以微笑来美化面容。

三、美化行为。现在社会上流行进修美姿、美仪等课程。这是为了培养自己走路，乃至行仪举止的优美姿势，就像演艺人员，他们在舞台上的各种动作都要讲究美感。除肢体动作的美感以外，更要美化自己的行为，所谓美化行为就是不乱杀生，不窃盗，不邪淫，这就是美化行为。

四、美化心理。美化心理就是要美化心灵，要点亮我们心灵的灯光，清除我们心灵的污垢，建设我们心灵的真善美净土。所谓“心净则国土净”，心理能够净化，世界自然就能美化，呈现一片清净祥和的气氛。

我对社会人生的看法

社会是个大舞台，不管我们站在台上或台下，总之，它与我们的人生有着极为密切的关系，所以我们应该关心它。如何关心社会人生？

一、在生存上，要自由。人活在世上，要活得有意义。怎样是生存的意义呢？生存的意义是自由，而且是不妨碍别人的自由；在尊重别人自由的前提之下，自己的自由才是真正的自由。所以，不要侵犯别人，不要侵犯他人的财富、生命、身体、名誉等，这才是自由的真谛。

二、在政治上，要民主。是要懂得尊重别人，善于沟通，要有包容的心，这才是民主。今天的政治家乃至民众，彼此都应该深知民主的意义：能尊重社会大众，才是真正的民主。

三、在处世上，要和平。做人处世，和平第一。和平不是没有力量，和平必须建立在“我有知识，我有才能，我可以明理，我可以帮助别人”的基础之上，然后才能和大家和平共事。

四、在生活上，要幸福。人人都希望自己幸福、快乐。但是幸福快乐不是建筑在别人的痛苦上面，幸福快乐是要大家一起幸福，大家一起快乐。所谓“有福同享”，才是真正的幸福快乐。

拥有全面的人生

世间没有十全十美的事情，人生往往只能拥有一半，不能拥有全部。比方说，有的人很有钱，但是他没有健康；有的人拥有爱情，却没有金钱；有的人房屋田产很多，但是没有儿女；有的人有智慧、学问，可是找不到职业。所以说，人生由来多缺陷。

但是，在缺陷中，我们如何拥有全面的人生呢？

一、有心外的知识，也要有心内的体验。现在的人，往往只重视心外的知识，因此，尽管学习很多的技能，可是由于内心的体验不够，人生还是很浮面的。所以培养内心的体验很重要。

二、有接受的人生，也要有感恩的人生。每个人从小到大，父母养育我们，师长教育我们，社会供应我们，我们每天都在接受。我们要如何回馈我们的父母、师长、社会大众呢？首先要懂得感恩，有了感恩心，就会发愤图强，做个有益社会大众的人，所以感恩心很重要。

三、有自我的个性，也要有随众的个性。人不能离群索居，因此，在团体生活中，在待人处世上，不但要有自己的原则，同时要能随众、随缘，如此才不会特异孤立。

四、有前面的世界，也要有后面的世界。有的人只知道前面的世界，只晓得向前迈进，却不知后面还有一个更宽广的世界，因此遇到困难不懂得转身，不懂得回头，于是经常在社会上撞得鼻青脸肿。有一首形容农夫插秧的偈语说："手把青秧插满田，低头便见水中天；身心清净方为道，退步原来是向前。"懂得给自己留个退路，遇事才有转圜的空间，如果处处将自己限定，将永远走不出自设的死胡同。

做人处事的态度（一）

世间上，最难的是做人和处事。人活了数十载，往往做人不得其分，处事不得其法。尽管有很多的道理告诉我们如何做人，怎样处事，若我们只知理论，不能起而行，也是徒劳无功。究竟如何做人处事呢？

一、只从柔处不从刚。世间的人，有的太过刚猛、执著与好强，所谓“好出头的椽子先烂坏”。我们口里的齿和舌，虽然齿硬舌软，最先蛀坏的却是牙齿，并非舌头；舌头直到人死后，才逐渐腐坏，可见柔软比较久长。《华严经》说：“常乐柔和忍辱法，安住慈悲喜舍中。”憨山大师也说：“红尘白浪两茫茫，忍辱柔和是妙方。”所以做人应该只从柔处不从刚。

二、只想好处不想坏。所谓“三界唯心，万法唯识”，你心好，想的事情皆是好；你心坏，想的都是如何算计人家的坏事。圣人看社会，大家皆圣人；坏人看众人，全部是坏人。所以我们应该先把心健全起来。

三、服务勤劳不后退。我们提倡“人生以服务为目的”，在社会上做事要想让主管看重我们、肯定我们，首先要有勤劳的美德、服务的性格，遇事要积极主动，前进不后退，具足了一些基本的人生态度，不但能成就一番事业，必然也会到处受欢迎，成为一个得人缘的人。

四、恭敬谦和满芬芳。谦虚是中国人的美德，所谓“敬人者人恒敬之”。我们只要能对人谦卑、恭敬，必能赢得别人的好感。“做人低姿态，做事高水平”，宇宙只有五尺高，而昂藏六尺之躯的人类生存其间，岂能不低头？所以做人本来就应该谦虚，应该受一点委屈，就像梅花，未经冬雪的熬炼，怎得扑鼻香？所以做人要像梅花一般，“恭敬谦和满芬芳”。

做人处事的态度（二）

决定一个人做人处事成功与否，要件之一就是态度与观念要正确。态度、观念偏差，就会背道而驰，永远也达不到目的。

我们做人处事应有的态度，我提供四点建议：

一、法情重于人情。我们都有情感，所以叫有情众生。但是一个人如果四处留情，或是过分地感情用事并不是很好。因此，在感情的世界里要有理智，要用理智用佛法来驾驭感情，也就是法情重于人情。

二、清淡重于攀缘。每个人都希望人家厚以待我，同样的，我也应该厚以待人。可是有时如果太浓太热了反而不能长久，所以古人说："君子之交淡如水。"尤其学佛的人，对感情更应该淡然处之，千万不要攀缘，不要到处拉关系、找人情。

三、化他重于被化。一般人总是希望被人关心、呵护，希望人家来度我、给我。"弘法为家务，利生是事业"，弘法利生既是我们的本分，是我们的事业，我们就应该积极地来化他，给他人利益，这就是菩萨化他重于被化的精神。

四、有道重于有财。有句话说："万贯家财不如一技随身。"有的时候技能重于财富，如果我们不但有学问，更拥有慈悲、人格、道德，那就远胜于财富了。我们要了解，财富、金钱有时用处不当，反而会招惹出麻烦，因此不如有道德反而能带给我们安全。

为学与做人

为学，是人一生的事业；做人，也是人一生的事业。所以如何为学与做人，是非常重要的课题，我有六点意见贡献：

一、放下万缘全部接受。我们读书为学，先要放下妄想杂念，对于知识道理要能全部接受。在今天的社会上，为什么有的人很会读书，有的人不会读书，有的人考高中、考大学落榜了？原因常常是他在学校里没有专心听讲，没有接受的心量。没有接受，怎么能考试考得好呢？

二、事事好奇处处学习。读书为学的人，所谓“开卷有益”，看到好书，听到知识道理，就要有好奇心，就想处处去学习、体验、证悟，能够好学不倦，才会进步。

三、求精求全瞻前顾后。读书如果不求精深，不求周全，一知半解，凡事但凭自己的看法行事，是非常肤浅愚昧的。所以读书人要瞻前顾后，才能够精深邃密，才能融会贯通。

四、自己无理别人都对。我们做人，要常常感觉自己无理，自己不对。比方说，我的语言说得不好，我的事情做得不对，我对人的尊敬礼貌不够。时时感到自己的欠缺，惭愧自己的不足，才会勇猛精进，才会力争上游。

五、眼光要远脚步要近。做人、做事、求学，都要放大眼光，但是也不要好高骛远，脚步要从近处开始，要脚踏实地。

六、忍耐办事委屈做人：办事要忍耐，做人要委屈。所谓“耐烦做事好商量”，不管做人做事，只要能耐烦、忍耐、委曲求全，必能无事不办。

如何做一个正当的人

人活在世上，如果被别人批评说：“这个人不正派、不正当。”那真是很难为情的事。怎么样才能做个正当正派的人呢？

一、正当的行为。做事要正大光明，胸襟要宽大磊落，不可以专做一些偷鸡摸狗的事，譬如窃盗、抢劫、绑票等不正当的行为。所以要做个正当的人，先要从正当的行为着手。

二、正当的语言。五戒中的妄语、两舌、恶口、绮语等，都是不正当的语言，都会让我们成为不受欢迎的人。所以不要妄语，不要说谎，不要绮语，不要随便说一些不干不净的话，所有出之于口的语言都要正当。

三、正当的做人。我们做人，宁可正派而不足，不可邪恶而有余；宁可没有用，没有能力，也不要被人家批评说：“这个人不正当！”

四、正当的处世。我们和人相处，要给人感觉我不会欺负他，我不会算计他，我不会随便伤害他。我的所作所为都是正正当当的，正当行事才能给人安全感。所以我们交朋友，和人相处，先看他为人正当不正当，不一定选择他地位有多高、财力有多雄厚，或是多么会说笑、多么聪明、多么干练等条件。有人聪明能干，但是行为不正当，这种人还是一无可取。所以我们跟人相处，要看对方是不是正正当当地做人，这很要紧！

如何做一个善人

我们都希望自己做一个受人尊敬的善人。做一个善人，要有合乎善人的条件。怎么样做一个善人呢？我有四点意见：

一、要修养身心。所谓修养身心，就是内心清净光明，身体庄严威仪，一举手一投足，都让人觉得很正派。所以修身要非礼勿视、非礼勿听、非礼勿言、非礼勿动；修心，要把心里面的肮脏、嗔恨、嫉妒、疑忌都排除。东西脏了，要洗一洗；我们的心脏了，也要把它洗干净，所以身心要修养才能清净，才能正派。

二、要多做善事。人生苦短，要多做一些慈悲的事、善美的事、有利于别人的事。做事如果对别人没有利益，就不合乎慈悲的原则。所以我们要做一些移风易俗、关怀社会、服务人群等有利于大众的善事。

三、要敬上念下。一个善人、好人，对长辈要恭敬，对晚辈要爱护。如果对上不敬重，对下不爱护，怎么能算是一个善人？

四、要矜恤孤贫。世界上有很多有钱、有势、有地位的人，我们不必锦上添花；但是有很多鳏寡孤独、无依无靠的人，却需要我们去帮助。真正的善人，一定会多做矜恤孤贫等雪中送炭的善事。

如何教育

我是一个出家人，是从事教育的出家人。我一直很关心青年的教育，所以办学校、夏令营，推动社会教育，到处举办佛学讲座，我这一生用力最多的就是佛教的教育。我办了不少佛学院，有日文的佛学院、英文的佛学院、一般的佛学院，因此，佛光山有好多的青年人才在世界各地弘法。

如何从事教育？我有四点意见：

一、教忠教孝的伦理教育。今天的社会需要一种教忠教孝的伦理教育。时下一般年轻人很缺乏忠孝节义的伦理观念，所以现代的年轻人失落了很多中国固有的文化，失落了很多中国固有的精神，我们应该把教忠教孝的伦理教育再找回来。

二、教你教我的因缘教育。现在的教育都偏重个人教育。

中国从过去的三代同堂慢慢到现在小家庭化、个人化，只要我自己一个人享受就好了，不重视你我的因缘教育，社会怎能不混乱呢？你我的关系不注意，你我的关系混乱了，父母不像父母，子女不像子女，朋友不像朋友，还有什么教育可言？所以我们应该把人际关系的因缘教育恢复起来。

三、教空教有的中道教育。现在的教育，大大在物理、科技上面打转，不教导做人，只在“有”的上面去计较，不在“空”的精神上着力。我们希望教空教有的中道教育，不偏重于物质，也不偏重于精神，“空”、“有”的中道是很重要的。

四、教解教行的实践教育。我们现在有解无行，有行无解，不是空谈，就是暴行，最需要知行合一的实践教育，来匡正社会风气。

特殊的教育法

教育，要讲究方法。家庭有家庭的教育方法，学校有学校的教育方法，社会有社会的教育方法，宗教当然也有宗教的教育方法。现在的佛教，除了一般的教育方法以外，还有特殊的教育方法。什么是特殊的教育法呢？

一、以毒攻毒的权巧教育。高明的医生，用砒霜、毒药都可以治病；有高尚智慧权巧的大德法师，也懂得以毒攻毒的权巧教育。例如，唐三藏玄奘大师，他很欣赏尉迟恭的儿子，要他出家，尉迟恭的儿子不肯，提出了条件："你要我出家，必须要有三部车子跟随我：一车酒、一车书、一车美人。"像这三种条件，现代的寺院和法师谁愿意接受呢？可是玄奘大师就非常乐意地说："我承诺你。"尉迟恭的儿子出家后，就是后来有名的唯识宗祖师慈恩窥基大师，他还有一个名号，叫"三车法师"。

二、以事明理的圆融教育。人，有时候偏于一事，有时候偏于一理，事理不圆融。特殊的教育法，注重事中有理、理中有事，理事圆融的教育。如"须弥藏芥子，芥子纳须弥"，须弥藏芥子容易懂，芥子那么小，里面怎么能纳须弥？我们要知道"芥子纳须弥"是理上的，事上虽不能，理上却是大小互融的，这就是以事明理的圆融教育。

三、以古证今的启发教育。佛门的教育常常以古证今，古人是怎样的有志气，古人是怎样的奋发，古人是怎样的吃苦耐劳，引古证今来启发现代的年轻人。

四、以智入道的幽默教育。就是用智慧、用幽默让你入道，不一定要板起面孔说教，有时候哈哈一笑也是教育。

我对现代教育的建议

现代的教育包罗万象，尤其在社会风气、民间习俗、国外流行以及现代化脚步的催生下，比起以往已然有很大的改变。不过，我认为一个符合时代需要的现代教育，还应该注意以下四点：

一、生活的教育重于知识的教育。现在一般社会大众，对于教育都只是重视知识的传授，却忽略了生活上的教育。因此，有些人虽然获得了学士、硕士，甚至博士的学位，却对煮饭、洗衣服、整理家务一窍不通。不能结合生活的教育，只是重视知识的传授，这是很虚浮的。

二、道德的教育重于功利的教育。目前的社会，大家都汲汲于功名利禄的追求，却没想到功名利禄就像是一匹脱缰的野马，四处乱跑。如果有了道德的教育，便可以驾驭功利，阻止功利走岔了路。

三、普及的教育重于个己的教育。现在的教育，大部分都只讲究个人，只要我具有、我拥有、我自己有利就好了，至于别人是否拥有，则与我无关。其实，社会是大众的，是大家共同生活的环境，如果我们都能重视大众的利益甚于个人的利益，社会就能进一步臻于至善至美。

四、自觉的教育重于接受的教育。今日的青年，都注重老师教育我接受、父母教育我接受，而演变成填鸭式的教育，对所学之事不能消化，因此不能活用。如果今后的教育能重视自觉，重视自己思想的启发，教育就能更加活用了。

为师之道

为师之道，就是怎样做一个老师。老师怎样对待学生，在《善生经》里指出下列几点方法：

一、顺法调御，以爱教导。我们要教导学生，要依着法，不可以曲解理。调御就是要好好地调教他、驾驭他，主要是以爱来教导他。在佛教里，一进山门就是弥勒菩萨笑嘻嘻的，以爱来摄受你、欢迎你；如果以爱仍不受教，才有后面的韦驮天将用力折服你。一个老师必须以鼓励代替责备，以关怀代替苛责，所以爱的教导很重要。

二、诲其未闻，增广见识。教导学生，主要是让他化不知为能知，化未闻为有闻，教诲他不懂、不明白的，增加他的见识。

三、随其所闻，令解善义。让他学习主动发问，而不一定要用填鸭式的教育，应启发他学习，让他发问。所有的佛经都是弟子来问，佛陀来回答。例如《金刚经》，如何善护念诸菩萨，如何善护嘱诸菩萨，就是有人问，佛陀才来解答。

四、示其善友，乐于交游。对于年轻的子女、学生，我们要替他选择好的朋友，所谓“近朱者赤，近墨者黑”，要教他亲近善友，做个好人。

五、尽己所知，教授不舍。就是尽自己所知倾囊相授，不要像过去所谓的秘籍，样样保留一点，不能传尽所有的道。这是个进步的时代，应青出于蓝更胜于蓝。

贤才的意义

我们常听别人赞美说：你很能干，你很有智慧，很聪明，你是社会贤才。所谓“社会贤才”，要具有什么样的条件呢？

一、品德足以端正风俗。所谓“贤才”，他的品性、道德应可以端正社会的风气。君子之德如风，风气所至，就能改善社会。今天的社会风气败坏，能贪的就贪，贪不到的就嗔恨；能抢的就抢，不能抢的就铤而走险。贤才的品德能影响社会风气，有所改进。

二、才能足以建立秩序。贤才的人，对于社会秩序必然有所端正，有所树立。如人与人之间有秩序，所谓“长幼有序，师生有序，父子有序”，甚至朋友和朋友之间也有一定的规范、方式，你不能脱序。今天的社会就是脱序了，大家都不讲究伦理，不讲究尊卑，不讲究长幼，在没有秩序的社会里就没有规则。所以希望社会上有才能的人不要灰心，我们要以建立社会的秩序为己任。

三、聪明足以深谋远虑。贤才的人，必定有智慧，必定很聪明。所以他要把他的聪明、他的知识、他的远见、他的学识教导给社会大众。像今天社会上很多贤达名流就经常风尘仆仆四处讲演，教导社会。

四、坚毅足以创立事业。一个贤才，有他的坚强、他的毅力，才能够勇往直前，创立事业。

失败的原因

人人都希望自己能成功，但成功与失败如影随形，是很难分开的。成功有成功的条件，失败也有失败的原因，失败的原因有以下十点：

一、虚荣者败。一个人好虚荣，不切实际，就容易失败。

二、懈怠者败。懒惰懈怠、不求精进、不思勇猛奋发者，当然必败。

三、骄慢者败。骄傲、我慢心重的人难以和众，是引起失败的原因。

四、暴戾者败。一个人性情坏，脾气坏，容易动怒，甚至残暴不仁，也注定要失败。

五、贪吝者败。贪吝是无底深渊，一旦堕落就会丧生失命。

六、私心者败。没有公德心、没有大公无私之心的人，凡事以自己为本位，必定难以见容于大众。

七、无信者败。“言而无信，何以立身？”说明了信用的重要性，唯有信才能成功，才是一生的财富。

八、邪执者败。过分执著，尤其是邪执，执著于非法的、非理性的、非正当的，当然会走上失败之途。

九、不忠者败。对人不忠贞、不诚恳、不实在，当然要失败。

十、说谎者败。一个人常常骗人、说谎、妄语，必定不为人所信赖，必然难以承当重任，如此岂有成功之日？

胜利的条件

人人都希望事事成功，各方面都能致胜，但胜利不是凭空得来的，胜利是有条件的：

一、诚实者胜。诚恳待人、做事实在的人，必能获得别人的信任、重用，必能获得较多的升迁与成功的机会。

二、勤劳者胜。一个人如能勤劳、奋斗、努力，必定会胜利成功。

三、谦虚者胜。有人说：宇宙只有五尺高，我们六尺之躯想要在宇宙里生存，就要低头、谦虚。所以，成功做人要能懂得谦虚。

四、仁慈者胜。大家都愿意与仁德、慈和的人交朋友，所以仁慈的人做事较易获得别人的护持，较有成功的机会。

五、喜舍者胜。为人如能慷慨助人，一定会获得他人的青睐，而走向成功胜利。

六、大公者胜。一个大公无私，做事公平、公开、公正的人，必定是个胸襟宽广的人，能察纳雅言的人，这是成功者应具备的条件之一。

七、笃实者胜。做人做事实实在在，千万不能投机取巧。投机取胜是一时，唯有笃实行事，才能获得永久的信赖。

八、忠诚者胜。能以忠心、诚意、信用对人，让人有可依赖的感觉，别人必然乐于提拔、造就。

九、圆融者胜。做人处事应该力求圆融，多迁就他人，不要固执己见，才会成功。

十、信用者胜。所谓“人无信不立”，信用是成功的里程碑。

拒绝的艺术

拒绝是一种艺术，当别人对你有所希求而你办不到时，你不得不拒绝他。拒绝是很难堪的，不得已要拒绝的时候，我建议大家用一些拒绝的艺术：

一、不要立刻就拒绝。立刻拒绝，会让人觉得你是一个冷漠无情的人，甚至觉得你对他有成见。

二、不要轻易地拒绝。有时候轻易地拒绝别人，会失去许多帮助别人、获得友谊的机会。

三、不要盛怒下拒绝。盛怒之下拒绝别人，容易在语言上伤害别人，让人觉得你一点同情心都没有。

四、不要随便地拒绝。太随便地拒绝，别人会觉得你并不重视他，容易造成反感。

五、不要无情地拒绝。无情地拒绝就是表情冷漠、语气严峻，毫无通融的余地，会令人很难堪，甚至反目成仇。

六、不要傲慢地拒绝。一个盛气凌人、态度傲慢不恭的人，任谁也不会喜欢亲近他。何况当他有求于你，而你以傲慢的态度拒绝，别人更是不能接受。

七、要能婉转地拒绝。真正有不得已的苦衷时，如能委婉地说明，以婉转的态度拒绝，别人还是会感动于你的诚恳。

八、要有笑容地拒绝。拒绝的时候，要能面带微笑，态度要庄重，让别人感受到你对他的尊重和礼貌，就算被你拒绝了，也能欣然接受。

九、要有代替地拒绝。你跟我要求的这一点我帮不上忙，我用另外一个方法来帮助你，这样一来，他还是会很感谢你的。

十、要有出路地拒绝。拒绝的同时，如果能提供其他的方法，帮他想出另外一条出路，实际上还是帮了他的忙。

做个大丈夫

在现在的社会中，“大丈夫”已不再是男人的专利了，现在有所谓的“女强人”、“女中丈夫”，女人也可以做强人，也可以做大丈夫。那么怎样做一个大丈夫呢？有几点意见提供参考：

一、负责任能担当。大丈夫要能够负责、担当，不只是在事务上负责担当，甚至连部属的过错也要替代担当，对长官交代的任务要能执行、承担。

二、讲信用守道义。做人最要紧的是讲话要算话。人无信则不立，能守信用的人，一句话胜于法律，别人才会放心和他相处。人除了要守信用之外，还要守道义，即使吃亏也不变节，不做有亏道义的事。

三、肯勤劳创事业。做一个大丈夫，凡事要当仁不让，要勤劳，要有开创性，要能扩展事业，不能落于人后。

四、性宽厚心恭敬。大丈夫不能逞匹夫之勇，不能刚愎自用；大丈夫心胸要宽厚，要像大海一样容纳百川，要能上天入地，包容一切。

五、能慈悲多慧解。做一个大丈夫对人要施予恩惠、慈悲、帮助，自己则应多慧解，具备广博的知识、聪明、智慧，才能承担重大的工作。

如何处理情爱

佛教里讲到人叫做有情众生，意思是说：人类是因为有情爱才生到人间来的。父母如果不相爱，就不可能结为夫妇，子女又怎么生到人间来呢？所以说：“情不重，不生娑婆。”可是，人活在世上为了情爱，常常苦乐参半，为情所苦，为情烦恼，所以处理情爱一定要有方法。如何处理情爱呢？

一、用理智来净化感情。感情是一个瞎子，所以必须要有智慧，要有明智的眼睛来看清爱情的盲点。因为如果爱的对象不对，爱的方法不对，就会生出问题。

二、用慈悲来升华感情。爱的升华就是慈悲。一般世俗的情爱是自私的、狭隘的，如果能够升华为对众生的慈悲，所谓“无缘大慈，同体大悲”，一切就更完美了。

三、用理法来规范感情。感情如果没有理法，随便乱爱，胡作妄为，这种悖逆伦理、不合道德的感情是会害人害己的。

四、用道德来引导感情。人皆有情，但要用道德来引导感情，所以君子爱人以德。真正的情爱是奉献，不是占有；真正的感情要为人设想、为人打算，要尊重别人、造福别人，这才是有道德的感情。

如何健康

生、老、病、死是人生的四个过程，人身体有了病痛知道要找医生治疗，但只是希求身体上的健康是不够的，还要求思想上、心理上的健康，才能成为一个身心健全的人。怎样才能获得身心的健康呢?

一、要有正当的欲望。欲望人人都有，但是欲望有善法的欲望，有人我的欲望。人我的欲望譬如贪财、贪色，这种欲望有时不但损人不利己，甚至还会毁灭自己。所谓善法欲，譬如希望追求高深的学问，希望做一些有益社会大众的好事。善法欲可以提升自己的道德、修养，可以让自己的生命充实、扩大，所以我们要有正当的欲望。

二、要有正当的情爱。情爱人人需要，但是情爱也有人我的情爱，也有善美的情爱。父母对子女之爱，朋友、亲族之间的友爱，这种正常的友谊、亲情就是正当的情爱。但是有时候爱得不正当，爱得不应该，爱的对象不对、方法不对，形成不正当的情爱，就使身心烦恼了。

三、要有正当的工作。人，必定要有工作。世间的工作很多，有的以杀生为业，有的以窃盗为业，有的以贩卖毒品、人口为业，这些都是不正当的工作。我们要有正当的工作，才能有益于社会人群。

四、要有正当的生活。我们的生活要正常，早上定时起床，晚上定时睡眠，生活很有规律、很正常，必然神清气朗。如果生活没有规律，早晨不起，晚上不眠，就是不正当的生活。尤其有的人饮食不节制、生活糜烂，甚至晨昏颠倒，这样的生活想要获得健康的身心是不可能的。

处理婚丧的原则

佛陀住世的时候，有一个妇人死了独生儿子，非常悲伤，伤心到不想活下去，就请求佛陀救治她的儿子。佛陀说："你去找一户人家，要一棵吉祥草，给你的儿子吃了，就会让他再转活过来。这种草只有没有死过人的人家才有。"妇人于是挨家挨户地四处求讨吉祥草，问了一天，全无下落——哪一家没有死过人？她才知道有生必有死，死不是一家一人的，是普遍的，人生的婚丧是免不了的。婚丧既是免不了，处理婚丧就是我们必须面临的事，它的处理原则有四点：

一、不要虚荣。现在遇到婚丧的日子，大家都以虚荣心处理，要做得比别人家好，很多人家在互比虚荣心。

二、不要铺张。现在婚丧，讲究你有多少乐队、我有多少花车，不一定要这样，婚丧是个人家庭的事，何必劳师动众呢？

三、不要迷信。结婚要看日期，丧葬要看地理、风水，这都是迷信。日日是好日，处处是好地，只要你心好，时时处处都好。

四、不要执著。中国社会里，一到婚丧喜庆的节骨眼上，每一个地方都有不同的风俗、不同的习惯，大家都执著不改。其实许多风俗都是人为的，太过执著于事无补。例如，看日期，一定要什么日子，日子不好就不吉祥，其实世间哪有什么一定的日子？我们这里是白天，美国倒变成晚上了，所以不一定迷信时辰，也不一定执著地理，只要你心里觉得好，到处都很好。

如何济危扶弱

我们见到世人有危难，要去救济他；见到幼小的弱者，要去扶助他。“恻隐之心，人皆有之”，所谓慈悲之念，人人都应该具足的。如何济危扶弱呢？有四点意见：

一、对生命要护其生存。凡是有生命的东西，不要说一个人，就是一只小麻雀、一条鱼、一只蜻蜓、一只蝴蝶，只要是有生命的东西，我们都要保护它的生存。现在讲究环境生态，我们如果残杀生命，就会影响全世界的生态平衡，害人也害己。

二、对老弱要拯其康强。每一个人都会老，每一个生命都是很脆弱的，因此对老弱的生命，我们要帮助他，要使他健全，使他康强，所谓“老有所归，幼有所养”。

三、对危难要济其平安。有人游泳遭遇到灭顶的危险时，我们要救生；有人开车太快，或是驾驶技术不好，我们提醒他严守交通规则；现在社会治安不好，我们要守望相助，要帮助邻居，大家都自觉关心社区的安全。

四、对邪见要助其正信。很多人眼见社会动荡、生命无依，大家总想有个宗教信仰，但是信错了对象，生种种邪见，缺乏正信，是非常危险的。因此，我们对邪见的人要帮助他建立正信，就是相信实在的，相信有历史的，相信有能力的。

美满家庭

怎样建设美满的家庭？家庭最重要的是和谐、美满，人我之间相处得非常亲爱，所以美满家庭的条件有四项：

一、以慈悲获得尊重。家庭里的每一个成员要想获得别人的尊重，自己必须先以慈悲心尊重他人，就是现在我们所讲的爱。家庭里，最重要的是每一分子都要有爱，甚至于养的猫狗，如果你对它有爱心的话，它的发育、成长都会不一样，花草也如同猫狗，只要你细心浇水，照顾它，则能怒放盛开，果实饱满，所以慈悲才能获得尊重。

二、以智慧处理是非。家庭中有很多的成员，男女老少各有不同的性格、不同的观念，所以是非不断。那么如何来处理是非呢？就是用智慧。比方说我们不要听是非、不说是非、不传是非，当然我们就不怕是非。所谓“是非朝朝有，不听自然无”，是非止于智者，因此一个家庭如果没有是非，大家必定能和平相处。

三、以恭敬接待大众。家庭中人来客去，即使是家人的朋友也应该表示一种适当的恭敬。你恭敬他，同样，家里的其他成员也会恭敬你，所以佛法常常讲“佛法在恭敬中求”。《法华经》中有位常不轻菩萨，见到人就合掌礼拜说：“我不敢轻视汝等，汝等皆当做佛。”我们对家人人格的尊重，是美满家庭的重要条件。

四、以道德修养身心。我们要有德，要有道，身心才会安定，形成美满家庭。

女性的五种恶事

佛教经典中有一部《玉耶女经》，说的是玉耶女如何接受佛陀的教导，从而由一个原本骄纵傲慢的女人，一改而为非常贤惠的女性。在这部经典里，谈到女性有五种恶事应该去除：

一、懒惰游戏。有的女人很懒惰，很贪玩，经常放着家事不做，每天不是逛街，就是找朋友聊天，甚至沉溺于赌博、游乐，这种女人不容易建立美满的家庭。

二、恶口讥讽。有的女人生性尖酸刻薄，常常喜欢说话讽刺别人、取笑别人、毁谤别人，以打击他人为乐。这种女人终必自取其咎，必为朋友所唾弃。

三、异心邪念。女人对丈夫有异心、有邪念，便不是一个好妻子；对公婆、对亲族有异心、有邪念，便不是好媳妇。不能扮演好自己的角色，便不是一个好女人。

四、爱慕虚荣。爱美是女人的天性，可是有的女人过分注重外表，极喜欢被人家赞美，经常长时间花费在外表的装扮上，这是爱慕虚荣的毛病。释迦牟尼佛曾经说："真正的美丽不是容貌的漂亮，心地的善良才是真正的美丽。"所以一个端庄成熟的女人应该注重内在美。

五、妒恨亲人。婆媳问题自古以来一直是多数家庭的困扰，原因是，妻子只爱她的丈夫，对于公婆伯叔她都不喜欢，不是嫉妒就是怨恨，因此造成怨隙与家庭纠纷。

以上五种恶事不只是女性有，男性也不例外，最重要的是去除它，不要让它滋生罪恶。

夫妇相处之道

随着佛教徒人口的增加，近年来有一些年轻的男女到寺院里举行佛化婚礼，要我为他们证婚。我经常都会告诉他们下列的道理：

如何做一个丈夫呢？必须要记住：一、身边少带钱；二、晚饭要回家；三、应酬成双对；四、幽默加慰言。

这四句话是说：做一个丈夫，身边不要带太多金钱；因为钱多了，有时候很容易引诱我们做一些罪恶的事。再者，做个好丈夫，要回家吃晚饭，因为好丈夫不能光是忙事业忙交际，家庭也很重要。如果有应酬，要与太太一起参加，夫妻应该经常同进同出、出双入对。平日要幽默加慰言，一个好丈夫，是一家之主，平常要有一点幽默感，不要每天板着冷面孔；有时候应该轻松一点，开个玩笑，对于为家事忙碌辛苦的太太、儿女，要多给他们几句安慰感谢的话，如此，家中必能时时洋溢着幸福温馨的气氛。

另外，做太太的也有四句话要记住：一、家庭是乐园；二、饮食有妙味；三、勤俭为五妇；四、赞美无秘密。

做一个好太太，要把家庭整理得像乐园，不要让先生下班回来觉得家里很脏乱。最要紧的，饮食要有妙味，有人说："要控制男人的心，先要掌握他的胃。"只要给他吃得好，到了要吃饭的时候他自然会回家。勤俭为五妇：要做一个像母亲、像妹妹、像婢女、像妻子、像臣子般的太太。也就是说，对待丈夫有时像母亲关心儿子，有时像妹妹敬爱兄长，有时像婢女服侍主人，有时像妻子依赖丈夫，有时又像臣子伴随君王。赞美无秘密，平常对待丈夫要多说赞美的话，不要私藏金钱，不要隐瞒秘密。这样，夫妇的感情必定很好。

怎样做好家庭主妇

有人说，一个成功的男人背后一定有一个伟大的女性，这个人或许是母亲，也许是妻子。也可以说，一个男人要成就伟大的事业，一个家庭要获得幸福美满，这里面必定有一个很贤惠的家庭主妇。家庭主妇在家庭、在社会中扮演的角色非常重要，已经不言而喻。如何做好一个家庭主妇呢？

一、要负责家务。把家庭整理得有条不紊、纤尘不染，使它像一个饭店，像一个乐园，并且时时洋溢着和乐的气氛，丈夫当然就乐于回家吃饭，儿女也不会在外流连忘返。

二、要忍耐委屈。一个家庭主妇，工作上虽然很忙碌很辛苦，但在精神上要带给丈夫快乐，带给儿女欢喜，能够忍耐委屈，多担当家庭的责任，使家庭和乐幸福，这种成就往往比事业上的成就让人觉得更踏实、更有成就感。

三、要守贞重节。身为女人，最宝贵的就是贞节。古人讲，一个好女人要具有妇德、妇言、妇容、妇功。妇德就是指守贞重节。所以做一个女人，贞节是非常重要的，千万不可以视同儿戏，不要玩笑、浪荡，要保持女人矜持、庄重的美德。

四、要事夫教子。夫妻之间，平时要相敬如宾，妻子对丈夫偶尔也不妨把他当做君王来侍奉，在生活起居上多一点体贴与照顾，必能赢得他相同的乃至更多的回报；对儿女，要在身教、言教上给他很好的学习榜样，并让他受到良好的教育。

五、要和睦亲友。妻子之所以被称为贤内助，必是她能在家庭、事业上协助丈夫，所以对于邻居、亲友，要敦亲睦邻，帮助丈夫建立良好的人际关系。并且要孝顺公婆，敬重长辈，使丈夫无后顾之忧。

养成孝敬的美德

孝是中国人精神文明的精髓，一个年轻人必须具备很多的美德，其中孝顺、恭敬是最基本的美德，也是做人的根本。什么是孝敬的美德呢？

一、要有承顺言教的性格。父母、师长教训我们，指示我们，我们要用恭敬的态度奉行，也就是要有谨守奉行的性格。现在一般的年轻人大都缺少这种性格，有时候父母、师长跟他交待什么事，他总是将尊长的言教推开。所以现在的年轻人读书进步往往很慢，就是由于他不能承顺言教；他没有接受，只有排拒。

二、要有从善如流的作风。平时父母、师长指示我们如何做人处事的道理，我们都应该信受奉行，对于好的事情要从善如流。

三、要有虔诚恭敬的态度。现代的年轻人，有时候父母、师长指示他、教训他，他不但不接受，反而持一种反叛拒绝的态度，因此容易误入歧途。养成虔诚恭敬的态度，对于将来成功立业，会有很大的帮助。

四、要有克己利他的愿心。我们要有孝敬的美德，首先要克制自己。自己要忍耐，要迁就他人，要能降低自己的执著，才能顺从别人的愿心。

如何孝顺父母

在佛教里，讲到孝顺父母有三个层次：初品的孝顺父母，是甘旨奉养，让父母在生活上获得适度的孝养，没有缺乏；第二是光宗耀祖，为人清白，事业成功，名利双收，道德令人敬重，让父母祖宗都得到荣耀，这是中品的孝顺。第三是上品的孝顺，就是引导父母有道德、有慈悲、有宗教的信仰。不但此生他可以安身立命，就是百年之后也能有好去处，这是最上品的孝顺。

如何孝顺父母？有五个方法：

一、供养父母，不令缺乏。在生活上，物质所需、精神的关怀，要让父母满足，不虞欠缺。

二、凡有所为，必先禀白。儿女无论要做什么事，要创哪一种事业，都要让父母知道，不要让父母感觉到你隐瞒他们，要让他们感受到儿女对自己有十足的信任。

三、父母所为，恭顺不逆。父母想要做好事，想要有所作为，身为子女的就要顺从父母的意思，不要忤逆。我们一生受之于父母，怎忍心违逆他们呢？所以中国固有的孝道思想中，做到孝比较容易，顺的标准比较高，顺父母的心意更难。

四、父母正令，不敢违背。我们不要违背父母正当的命令。他们要做善事、做好事，不要违背他们。

五、父母正业，不为中断。假如父母创造了什么好的事业，如养老院、孤儿院或者办学校，办一些社会福利机构，为人子女者不能让它中断，要把父母的正业一直继承下去，这才是孝顺。

如何教育子女（一）

现代社会的父母，最关心的问题就是如何教育子女。有的父母自己很正派，可惜不善于教育子女，使子女慢慢走了样。

那么如何教育子女呢？

一、培养子女的感恩观念。什么是好儿女？就是他具有孝顺、尊重、感恩的心性。教育孩子，要让他从小培养感恩的观念，不但知道感谢父母的恩惠、老师的恩惠，也能够感谢社会的恩惠、国家的恩惠。他有这个感恩的观念，就是他的财富，有助他开创未来的美好前途。

二、培养子女的慈悲胸怀。现在的青年往往不知道奉行慈悲，常常逞一时之狠，赌气、打斗、闹情绪，这样的人将来在社会上是不容易获得人缘的，所以最要紧的是让子女有慈悲的胸怀。例如，教育子女，要教他爱护小动物，教他不欺凌弱小。我们常常看到马路边的小孩，有时候玩弄小鱼、小虾、小鸟、小虫子，不尊重生命，不宝贵生命，将来到社会上就容易形成暴戾之气。

三、培养子女的忍耐力量。要养成子女的良好修养，就要教他忍耐。像兄弟姐妹相处，有时候哪一个兄弟姐妹多得到一点利益，多得到一点好处，不要争，要能忍耐；或者受到一点嫌弃、一点挫折，也不要一直苦恼闹情绪，要能忍耐。忍耐的力量，是将来成就一切事业的力量。

四、培养子女的服务精神。今天的社会，不是讲究你个人有多少才能、有多少智慧，最主要的是要社会大众能肯定你、能接受你。人如果有服务牺牲的精神，对社会大众有贡献，就会受到大家的肯定欢迎，就会成就有价值与意义的人生。

如何教育子女（二）

父母和子女之间常因为上对下的关系剑拔弩张，即使是关心爱护，也会因为言语表达得不当，结果关系更加恶劣。如何教育子女？在生活上、语言上，我提供四点方法：

一、以鼓励代替责备。年轻人所能承担的压力很有限，如同一棵幼苗，需要时时施肥、灌溉，如果有太强烈的阳光、太寒冷的风雨，会禁不住摧残。所以教育子女要如春风化雨，能够给他鼓励；儿女得到父母的鼓励，就会加倍地要做好人、做好事。

二、以慈爱代替呵骂。不要以为自己是父母，就有权威，就可以任意呵斥打骂儿女，那是不会收到好效果的。你要以慈爱，甚至以父母的辛劳培养儿女的认知，父母很辛苦地做饭菜给他吃，很辛苦地替他缝制衣服，儿女自会感动，会觉出父母的慈爱。

三、以关怀代替放纵。现在的子女大多受到放纵，你没有关心他，他认为横竖你不关心他，他就随便外出乱来。所以父母要关心子女的生活，关心他的工作，关心他的朋友……儿女受到父母无微不至的关心，会自爱自重。

四、以同事代替隔阂。你和儿女相处要用“同事”法，好像母亲喂婴儿吃饭吃奶时，他如不要吃，母亲拿个汤匙来喂，自己也把口张开，引导他跟自己一样，这叫“同事”。所以父母有时候要站在儿女的立场，跟他行“同事”法，将心比心，才没有隔阂。

如何对待子女

父母除了教育子女，还要对子女未来前途有一番帮助。如何对待子女呢？有五点意见：

一、教育子女不可为恶。我们教育子女有一个原则，就是不要让他做坏事。他讲坏话了，告诉他不要讲坏话；他有不当的行为，告诉他不能有不当的行为，不可以骂人，不可以窃盗，不可以虐待小动物，要让他培养爱心。

二、指其善处使有品格。我们要告诉儿女什么是好的，什么是善的，什么是美的，让他向往真善美的未来，不断改变自己的习惯，完美自己的品德。

三、慈爱关怀教其学问。对待子女，要紧的还是要有慈爱。“天下父母心”，最重要的就是关心他，不断地关心，不断地施与慈爱，并且要教他学问，告诉他要学什么技能，告诉他万贯家财不如一技随身，告诉他怎么样安排未来的前途，这些都是父母的责任。

四、善为婚嫁务使满意。完成儿女的婚姻大事，父母才会放心。但是父母对儿女的婚姻最要紧的是给他满意。现在自由恋爱，他自己要的，有时候父母就随顺些。为什么呢？终身相伴的配偶是要他自己来负责任的。

五、随时供给助其事业。儿女总是年轻人，当然要让他自立自强，但是父母在能力范围内也要适度给予子女一些帮助、一些精神上的支持，让他在成功立业上不会太困难。

如何善待亲友

每一个人都有亲人，都有朋友，善待亲友在我们的人生当中是非常重要的。我有五点意见：

一、若有布施，先给亲友。亲友如果有欠缺，我们先要想到他的困难，给他一些救济，给他一些帮助，给亲人朋友多一点欢喜。

二、温和爱语，恭敬礼遇。给亲友钱财，有时还不如对他温和爱语，就是说一点尊重他、看得起他的话。对人一恭敬，金钱也好，物质也好，他同样是获得，但是意义就不一样了。所以你要以礼来待他。

三、利益均分，有我有他。假如你得到什么利益，要先想到朋友，想到亲人，利益同享，共同分配，有我也要有他。不能利益都是我的，吃亏就归他，这样是交不到好朋友，也不会有好亲戚来往的。

四、困难之事，助他解决。人在世上都会有困难，别人在困难的时候你帮他解决，你有困难的时候他就帮你解决，所以亲戚朋友互相帮助很要紧。

五、诚实相待，不可欺骗。无论朋友，无论亲戚，大家来往最要紧的就是要诚实。你常常说谎，妄语骗他，你们的友谊便不会很长久；不欺骗，对人诚实，做人是好人，做生意也有信用，所谓“人无信不立”，你就会得到很多的善友。

休息旅行的利益

在紧张忙碌的生活中，偶尔有休息的时间，有旅行的时间，对我们生命的再出发、再精进是颇有用处的。我们出外旅行、参访，有何利益呢？

一、读万卷书，行万里路。俗话说“读万卷书，行万里路”，出外旅行，不论是接触大自然，还是拓展人际关系，都能增进我们的知识。

二、扩大心胸，放宽视野。当我们旅行、参访时，要能用开阔的心胸心量去接受外界的景观、风俗习惯，扩大自己的视野，而且要能看得广看得宽，包含历史的背景、地理的常识与社会的风俗人情。

三、能动能静，能近能远。我们在旅行参学时，有时候要能静，很静态地去欣赏；有时候要能动，像跋山涉水时不计千里迢迢。所谓能近能远，近处的我们仔细用心去观察研究，远处的我们去徜徉感受自然的美好。

四、溪声山色，任性遨游。“溪声尽是广长舌，山色无非清净身”，大自然给了我们许多的心得。例如一个人，没有参禅的时候，看山是山，看水是水；参禅后，看山不是山，看水不是水；要一直等到悟道之后，他才能看山又是山，看水又是水了。在自然溪声山色中体会禅境意趣，无处而不自得。

人生的经验智慧，常在休息旅行中得到。

正当的经济生活

一个宗教信徒，除有正当的信仰生活，也必须要有正当的经济生活。所谓正当的经济生活，就是在金钱上如何以宗教的方法来处理。假如说你有十分钱，怎么样的用法较适宜呢？在佛教的《阿含经》里有一首四句偈，就明白地说明了处理的方法与态度：

一施悲和敬。就是在十分钱当中，要能把十分之一拿出来布施和救济贫苦或值得尊敬的人，例如供养师长、三宝等。施悲和敬，可以种两种田，一是悲田，就是慈悲的田，像是救济贫穷；一是敬田，就是尊敬的田，如对师长、三宝的布施供养。

二储不时需。十分钱当中，要有二分储蓄以备不时的需要。比方你赚了十分钱，把二分存到银行，碰到生病、旅行等急需，就不会慌乱，因此我们平时就要养成储蓄的习惯。

三分营生业。就是你赚了十分的钱，要有三分拿出来经营谋生，发展事业，为人生奠定良好的基础。

四分生活用。就是你赚了十分钱，要留四分给日常生活。像是父母、子女间家庭的生活，家庭的教育，家庭娱乐等开支。

所以一个宗教徒，对于处理自己的财产应该要有这样的计算：要把十分之一布施给悲和敬，要有二分作储蓄，要用三分发展事业，要有四分留为生活上种种开支。

铺好行为平坦的道路

一个人的一生，其幸福决定于自己的行为，至于未来生活好或不好，不是另外有神明来惩罚我们或赏赐我们，这全是我们自己招致的。所谓身、口、意的业力，发之于行为，就会成为果报。那么，如何铺好行为平坦的道路，必须做到四点：

一、要有不犯他人的慈悲。在倡导自由民主的今日社会中，所谓“自由”，就是不侵犯他人，尊重他人的自由，所以我们尊重别人、爱护别人、不去侵犯别人，就是最大的慈悲。

二、要有柔和处事的安心。我们处事态度，要有柔和的安忍，要用温柔平和的心、安详忍耐的力量去看事，去处理事情。

三、要有勤俭朴实的习惯。要有正当的勤劳，佛教中有四正勤：未生的恶令它不生，已生的恶让它断除，已生的善让它增长，未生的善让它生起。除此之外，还要节俭，节俭不光是财富的节俭、物质的节俭，更是感情的节俭、时间的节俭。一切都要有勤俭朴实的习惯。

四、要有维护正义的勇气。观世音菩萨还有另外一个名号，叫作“施无畏”，即布施无畏，让你不产生畏惧。给人不畏惧，就是我们要有维护正义的勇气。

如何不后悔

我们不管做任何事情，一定要懂得掌握机缘，要能适时而做，才不会事后懊悔不已。比方，我们遇到老师，如果不懂得珍惜因缘，不懂得跟他好好学习，等老师离开后才后悔，为时已晚。遇到贤能的人，不跟他好好地相交，到分别后又开始忏悔。父母亲健在的时候，我们不懂得及时孝顺，等到子欲养而亲不在，懊悔又何用？对于领导人，平时对他不忠，大难临头才想到向他求救，才觉得懊悔，有什么用？见到许多有仁义的事情，当时我们不积极去帮忙，不能见义勇为，事后就又懊悔了。有钱财不布施，等到钱财用完了才后悔，已经两手空空了。不相信因果的人，因果报应来到时才懊悔，为时晚矣！不信仰佛法、不修行人格道德的人，死亡大限一到，就会慌乱无依，后悔莫及了。

卷四

以菩提禅净治心

世上的好好坏坏没有一定的标准，我的心好，看世间都是美好的；心不好，贪欲炽染看世间就不好。所谓“三界唯心，万法唯识”，一切的境界，可以随我们的心识而转变。世界上所有众生若干种心，如来皆悉知悉见。

般若的人生

现实的人生，每天早出晚归，汲汲营营，为了追求功名富贵而辛勤忙碌，到头来却又不知为何辛苦为何忙。如果有了“般若”，人生就不一样了，所谓“平常一样窗前月，才有梅花便不同”，窗前的明月好美呀！再加上几朵梅花掩映，境界就更不同了。

生活中的穿衣吃饭，如果有了般若，穿衣吃饭的味道也会不一样。如何过般若的人生呢？

一、用般若来处事。我们做人处事，不光是用感情，也不光是用物质，而要用般若，般若就是智慧。比方说你有技能，你把技术传授给别人；你有哲学的思想、有好的道理语句贡献给别人，这就是般若。能用般若处事，做什么事情都是好事，都是善事，不会有副作用。

二、用般若来思想。一个人在举心动念间，千万不要存有贪欲、嗔恨、自私；不要处心积虑地算计别人，凡事能为别人着想，能用般若来思想，必能获得别人的信赖和敬重。

三、用般若来生活。我们的生活里如果有般若，吃饭的时候就能体会“一粥一饭来之不易”，那么这碗饭就会吃得很香，就觉得菜根有菜根的香味，就容易知足；相反的，如果你用不满的心情来吃的话，即使珍馐美味也不觉得好吃。所以有了般若，忙有忙的意义，奉献有奉献的价值，同样是穿衣吃饭，可是意义就不一样了。

四、用般若来教化。目前佛光山的佛学院有很多的青年学生报考，他们为什么要读佛教学院呢？就是想用般若的思想，想以智慧来教化人间，同时也充实自己的人生。

人生五味

过去有一个传说：阎罗王要一个人到世间来投胎，只给他三十岁的寿命。这个人嫌三十岁太少，就跟牛要了十五年，于是可以活到四十五岁；他还是不满足，又向狗要了十五年，下子增加到六十岁了，他仍然觉得不够，又再跟猴子要了十五年，总共是七十五岁。

在这七十五年的岁月里：三十岁之前是人的岁月，所以可以过着幸福美满的生活；三十岁到四十五岁之间，每天为家人儿女辛苦忙碌，真是像牛马一样的生活；四十五岁到六十岁时，儿女到外乡去工作，自己独守在家里，倚门盼望儿女的归来，过着如狗一样的生活；六十岁到七十五岁时，像风中残烛，随时会油尽灯枯，这时就像山中的猴子，害怕猎人随时会带着“无常”的弓箭射中它。因此，“人”实在是很可怜！人生真是五味杂陈。

因此，我以为“人生五味”应该是：

一、童年的时候是美味。童年的时候，有父母呵护宠爱，要吃有吃，要穿有穿，是美味的人生。

二、青年的时候是甘味。青年的时候，交朋友，谈恋爱，前途充满着无限的理想、希望，是甘味的人生。

三、中年的时候是苦味。到了中年，每天为儿女、为家人做牛马，在外奔波辛劳，这时是苦味的人生。

四、老年的时候是涩味。到了老年，儿女像鸟儿一样振翅高飞，自己健康也一日不如一日了。眼睛看也看不清楚，耳朵听也听不清楚，口中吃也吃不甘味，所以老年的岁月都是涩味。

五、修行的时候是禅味。一个人假如从青少年起就懂得学道学禅，那么经过青年、中年、老年，都会有禅味。就算眼睛闭起来，不看不听，心中的世界还是一样甘美无比。

所以，人生的五味是美味、甘味、苦味、涩味、禅味，希望各位读者都能过着禅味的人生！

怎样充实人生

有人说，时间是最公平的，不管贤与不肖，每个人的一天都是二十四小时。但是同样的时间，为什么有的人日子过得很充实，有的人却浑浑噩噩地虚度一生呢？这当中就在于懂不懂得自我充实，如何自我充实。

一、生活佛法化。一般人的生活里无非是金钱、感情，每天都在人我是非、衣食住行里翻滚。生活佛法化就是除了金钱、爱情，在生活里还要增加一些慈悲、结缘、惜福的观念，甚至于明理、忍辱的佛法。所以在生活里有了佛法，懂得慈悲、忍耐、惜福、结缘，比拥有金钱、爱情更为充实。

二、信仰正觉化。人都有信仰，信仰正义、圣贤、宗教，但是信仰最要紧的是要正觉化。所谓正觉，就是要有正知、正见、正思，也就是我们的知识要正当，见解要正当，思想要正当，信仰要正当，甚至于我们的职业、所作所为和言行都要正当，所以对自己的信仰要正觉化。

三、处世平和化。做人处世是一门大学问，在这门学问中，最重要的是做人处世要和平。所以有首偈语说：“忍辱柔和是妙方，到处随缘延岁月。”尤其是在处世方面，对别人要尊敬，对自己要严格。所谓“宽以待人，严以律己”，我们希望别人怎样待我们，就要先怎样待别人。

四、修持日常化。人总要有一点端正身心的修持，而且要能持之以恒，要恒常发心，并且要日常化，所谓平常心是道。在平常的生活里，自己要有所作为，要有恒心毅力，这样子就能充实人生。

做人的四句偈

俗云：“做人难，人难做，难做人。”一点也不假。不过，如果我们懂得做人的道理，并且如是奉行，似乎也并不难。以下我提出做人的四句偈可供参考：

一、信心进步道业增。我们平常要长养自己的信心，要对自己有信心，对社会有信心，对国家有信心，对宗教有信心。无论做人处事，都要有信心，有信心才有力量，才能进步，我们的道业、事业、学业才能持续增长。

二、贪嗔净化学业成。做人最大的缺点是，人有贪欲嗔恨，这个贪嗔烦恼在我们的心里鼓动，使我们常常无法将人做好。因此，最要紧的是净化心里的贪嗔烦恼。就如衣服脏了要洗一洗，身体脏了要洗一洗，乃至于家庭中的家具、环境脏了都要洗一洗，等一切干净、净化了，才会觉得舒服。所以贪嗔净化学业成，心灵净化了，所学、所做、所修也都能有所成就。

三、做人圆融怨尤少。做人要圆融，不要偏激。所谓偏激就是偏于中道的两边，有的人不喜欢吃亏，有的人喜欢找苦吃，这两者都不对。圆融一点，怨尤就少一点，待人少怨尤，为人不怨天恨地，做人就会圆满一些。

四、口常赞叹福德全。说话要说赞叹的话。有时候，一件好事由于自己发言不慎重，对方误会了，使好事变成坏事；有时看似艰难的事，由于懂得赞美，对方一高兴，事情反而容易成功。所以口里赞叹出妙香，就会福德全。

真正的富人

人人都希望自己是个富有的人，但是富有并不一定是很有钱。有的人钱财很多，房屋田产很多，但是没有道德、智慧，这并不算是富有的人。怎么样才是真正富有的人呢？

一、外财与内财俱有。我们有心外的财富，也要有心内的财富。一个人纵使心外财富再多，但是金钱可以买到胭脂、花粉，可是买不到气质；金钱可以买到鱼肉，可是买不到食欲；金钱可以买到床铺，可是买不到睡眠；金钱可以买到书，可是买不到智慧；金钱可以买到酒肉朋友，可是买不到患难之交。所以外财不是绝对万能的，有了外财，还要有内财。心内的财富是什么呢？孔子的弟子颜回“一箪食，一瓢饮，人不堪其忧，回也不改其乐”，他之所以能居陋巷而活得很快乐，是因为他有心内的财富。所以我们要“内财与外财”兼具。

二、知识与信仰同重。知识是对现象、常理的了解。有的人很有智慧，很有知识，但是没有信仰，终究还是缺少了一份内心的财富之源。所以我们应该知识与信仰同重，以开采我们自心本性的般若智慧。

三、接受与施舍并行。有的人只晓得接受，不懂得施舍。只是一味“接受”的人，表示自己贫穷，“施舍”才是富有。所以一个真正富有的人，应该是当接受的时候接受，当施舍的时候施舍；能给得起，也能受得起。

四、拥有与享有兼备。每个人都希望自己拥有房屋、田产等财富，能够如愿固然很好，如果不能自己拥有，至少可以享有。能够以享有代替拥有的人，是真正富有的人。

四种忍

人间最大的力量不是枪炮子弹，不是拳头武力，人间最大的力量是“忍”。任何力量在忍者的面前都要甘拜下风。忍有四种真义：

一、遭恶骂时默而不报。有人对我们恶口毁谤、无理谩骂时，我们要默而不报，用沉默来对待。不要他恶口骂你，你也回骂他，这样将会被讥为半斤八两；如果我们默不做声，以沉默来折服恶口，让对方良心苏醒，力量自然更大。

二、遇打击时心能平静。遇到他人打击我们、欺负我们时，心平气和地对待他，不要他打你一拳你也还他一拳、他踢你一脚你也还他一脚，这样谁也不比谁高尚。如果只是争一时之气，将赢不了千秋事业。

三、受忌恨时以慈对待。假如有人怀恨我们、嫉妒我们，我们不要同样以怀恨、嫉妒来对待他，而要以慈悲心来待他，要对他更加友爱，更加平和，这样就表示你的修养、力量超越了他。

四、有毁谤时感念其德。假如有人讥讽毁谤我们，我们不要气恼他，反而要感念他以往对我们的恩德。尤其要想到，越是肮脏的污泥越能生长出清净的莲花，越是黑暗的地方更要点亮心灵的灯光。因此，面对毁谤时，更应该以道德、慈悲心去感化他，如此也越能彰显自己的道德、涵养。

所以一个真正的忍者，对待恶骂、打击、毁谤都要有承担、忍耐的力量。忍的力量，胜过一切拳头刀枪。

离苦之道

人人都希望幸福快乐，不要有烦恼痛苦。如何远离烦恼痛苦呢?

一、要明因识果。我们的痛苦其来有自，比方说，贪爱美食，吃得太多，肚子就会胀痛；欺负别人，别人当然也会欺负我们，彼此都有因果关系。佛经说：“菩萨畏因，众生畏果。”意思是菩萨懂得因果，知道种子播下，一定会结果，所以菩萨不随便造作恶因。然而众生愚痴，不怕造因，于是杀人、窃盗、抢劫、绑票，坏事做尽，等到恶果现前，受法律制裁，银铛下狱时，悔之已晚！所以要远离苦恼，就要明因识果。

二、要谨言慎行。古德说“一言以兴邦，一言以丧邦”，又说“祸从口出，病从口入”，一切的灾殃祸患往往是由于一句话不小心伤了别人所造成。虽然有时是无心的，是无意的，然而“说者无心，听者有意”。因此，我们对自己的语言、行为要处处小心，不要刺伤别人，打击别人，给别人难堪，这样就不至于有不好的结果了。

三、要防非止恶。所谓防非止恶就是四正勤中“已作之恶令息灭，未作之恶令不生”，也就是杜绝恶行、防患未然。一个人如果能时时自我观照，不做坏事，不生起非分的心念，便能止息诸恶，而不致招致苦果。

四、要摄心正念。佛经上说，众生每天在举心动念之中，无非是罪，无非是业，只因心念微细，不容易察觉，因此任凭它带着我们造作种种恶行而不自知。因此我们要谨慎照顾自己的心念，要用般若心去慑服贪欲，用慈悲心去化解嗔恨，用清净心去修养我们的言语行为。

如何进德

每个人都希望自己的学问进步，事业有成，道德增进。但是，要怎样才能进德呢？我有四点意见：

一、从谦虚中体验乐趣。做人如果骄傲怠慢、自私自利，这样的人不容易获得人缘，不容易为人所接受，也就很难体会到人生的乐趣。反之，如果我们能对人恭敬，肯低一点头，也就是懂得谦虚，别人自然会赞美你、尊重你，就能体会到当中的无穷乐趣。

二、从忍辱中培养美德。忍耐是一种力量。我们跟人相处，不可能事事顺心如意，遇到事情，首先要能忍之于口，不随便谩骂；再忍之于面，进而忍之于心，不仅脸上没有一点生气的样子，甚至心中一点都不介意。

三、从自制中克服物欲。人的欲望是无穷的，所以容易被财、色、名、食、睡等五欲，以及色、身、香、味、触、法等六尘所束缚。我们要从这五欲六尘里面挣脱出来，就必须要有克服物欲的自制力量。

四、从宁静中安顿身心。一个人一天当中至少有一小时乃至半小时属于自己的安静时间，一星期当中至少有半天不受干扰的安静时刻。所谓“宁静致远”，从宁静里得到身心的安顿。

如何祈求

一般的宗教徒，不管是信仰佛教、基督教或是一般的神道教，我想一定都有祈求的经验。但是怎样的祈求才是高贵的祈求呢？我贡献四点意见：

一、要求神明的感应，更要求内心的体验。我们有时候祈求神明给我们富贵平安、吉祥如意、升官发财，这是希求感应，但是我们更应该求内心的体验。在宗教的信仰里，内心的体验比外在的感应更重要，因为我们内心有智慧，有般若，有体验，有道德，遇到困难的时候就不必假借外面的力量来帮忙我们了，所以内心的体验更重要。

二、要求自己的平安，更要求大众的幸福。一个人只求自己平安，自己好，是不够的，大众的幸福、快乐更重要。所以慈航法师说：“只要一人未度，切莫自己逃了。”大家幸福，我才能幸福；大家平安，我才能平安；大家不幸福平安，我也不能幸福平安。

三、要求世间的富贵，更要求出世的圣财。世间的富贵是有限的，出世的圣财是无尽的。比方说，我自己有禅定，有般若智慧，有惭愧心，有忏悔的美德，这比世界上的富贵更重要。

四、要求色身的延长，更要求生命的永恒。一个人不管是活到一百岁、一百二十岁，或者是再高的寿命，也仍然是有限的，不如求永恒的生命。所谓永恒的生命就是立德、立功、立言，这才是不死的生命。

缘

俗语说“独木不成林”，世间无论做什么事情，都是靠很多的条件，所谓“因缘和合”而成。没有很多好条件，单独个人是不能成功的。一个人所以能生存、成长，是因为有父母生养我们，老师教导我们，社会国家供应我们，乃至于士农工商织布、种田，我们才有衣穿，才有饭吃，若没有这些因缘，单独的我就无法存在了。又如，必须有钢筋、水泥、砂石等材料融合，才能成就一栋房子；一棵树、一朵花，也是由种子、土壤、水分、阳光、空气等因缘和合，才能成长开花结果。所以没有很多的条件，树也不能长，花也不能开，房子也不能建，人也无法生存。

因此，因缘是很可贵的，我们要珍惜因缘，感谢因缘。譬如我们每天早上打开报纸就可以知道天下事，如果没有那么多记者采访新闻，我们就没有报纸可看。晚上打开电视机，如果没有许多演艺人员表演，我们就没有节目可观赏。所以世界大众成就我们，就是我们的存在因缘。

谈到因缘，我想到二十多年前，我在佛光山建设接引大佛。当大佛落成开光的时候，我曾说了四句偈："取西来之泉水，采高屏之砂石；集全台之人力，建最高之大佛。"

一、取西来之泉水。当初建那一尊一百二十尺高的接引大佛，是从远在二三百公尺以外的深沟里的西来泉，将泉水一桶一桶地提上去，拌和砂石慢慢建成的。

二、采高屏之砂石。接引大佛的砂石，则是从高屏溪里一砂一石慢慢采上来的。

三、集全台之人力。大佛的建造受到好多人的帮忙，就是有这么多的人力、这么好的因缘，才能把大佛圆满建成。

四、建最高之大佛。大佛高一百二十尺，是佛光山景观最显著的标志，也是排名全世界十大佛之一。他的荣耀，他的成就，都是因缘所促成的。所以"缘"与我们人生的成败息息相关，我们应该感谢因缘。

如何广结善缘

人与人之间是靠着缘分在维持关系，所以人际关系其实就是因缘法。俗话说："有缘千里来相会，无缘对面不相识。"人和人相遇时常说："我们有缘。"缘是要靠自己去培植，也就是要广结善缘。如何广结善缘呢？

一、用经济结缘。所谓经济结缘就是物质、金钱上的结缘，譬如我给你一根针、一条线，甚至于一块面包，我就跟你结了缘。

二、用语言结缘。对人说一句好话，赞美别人，这种语言上的结缘往往产生不可思议的效果。只是一句好话，却结下了生生世世不解的善因善缘。

三、用功德结缘。功德结缘就是做善事。譬如修桥铺路、热心社会公益等，这就是功德结缘。

四、用教育结缘。我传授你技术，告诉你怎样做好人、如何做好事，就是教育结缘。

五、用服务结缘。帮你写字，帮你扫地，帮你洗衣服，帮你服务，在自己也许只是举手之劳，却和对方结了缘。

六、用身体结缘。比方说我和对方合掌、微笑、点头，甚至劳动、工作，这都是身体结缘。

七、用时间结缘。有时候我们抽出一小时两小时，听听别人纾解心里的烦忧，给他一些安慰鼓励，这也是结缘。每个人一天有二十四小时，一年有三百六十五天，一生有几十岁月。时间这么多，花一些时间跟人结缘又有何妨？

八、用空间结缘。我把椅子让给你坐，把房子借给你住，这是空间结缘。过去有一位青年，为了跟邻居争一墙之地，写信请千里迢迢在朝为官的父亲帮忙，父亲很明理，回了一封信说："万里投书只为墙，让他三尺有何妨？长城万里今犹在，不见当年秦始皇。”能够留一点空间给人，就是结缘。有的人占用建地，就是不肯给人方便，这又何必呢？所谓地尽其利，我们应该把土地空间做最有价值的运用。

九、用物资结缘。每年冬天，佛光山举办冬令赈济，以金钱、物品和贫苦人家结缘，这就是物资结缘，也是一种慈悲、欢喜的结缘。

十、用技艺结缘。技艺结缘是一种技能的传授，譬如我会打字、打电脑、弹钢琴，我把要领、诀窍传授给你。这种技艺结缘也是一种助缘。

十一、用欢喜结缘。世界上没有比欢喜更宝贵的东西，有时我们用再多的金钱、物资送给别人，别人未必很欢喜；不如给人一个笑容，给人几句赞美的话，用欢喜心结缘，不但不需要付出辛苦代价，并且有很大的收获。

如何增加修养

一个人要增加修养，先要从“改”做起，从“受”做起，从自我要求做起。怎样“改”，怎样“受”呢？

一、要改言、改性、改心。语言是人与人之间沟通的桥梁，如果我们说话不得当，或是说话没有艺术，就不容易得到别人的好感。在性格上如果习气很重，恶性不除，坏心不改，心里头的贪嗔、愚痴、邪见、嫉妒、傲慢不改，就不容易在道德、修养上有所增长。所以要不断地改，要改言、改性、改心，才会不断地进步。

二、要受教、受气、受苦。在人生的旅途上，为什么有的人能不断地进步，有的人则不进反退？原因是他不能接受。就像学生读书一样，有的人容易进步，因为他能接受；有的人不会进步，因为他一直在排拒。我们在学习的过程中要能受教，受教就是把东西吸收到我心中，然后消化成为自己的思想。

我们不但要受教，而且还要受气，一个人如果只能接受人家的赞美，不能增加自己的力量，还要能接受别人批评、指导，乃至伤害。能受气、受苦，才会有进步。

三、要敢说、敢当、敢做。有些人不敢表达自己，有意见不敢在大众面前发表，只在私下议论纷纷，遇事也不敢做、不敢承当。不敢担当就不能负责，不能负责就无法获得别人的信任。所以只要是善事、好事，我们就应该要敢说、敢做、敢当。

四、要思想、思考、思虑。无论什么事情都必须三思而后行，思想是智慧，凡事经过深思熟虑后再去做，必能事半功倍。

如何增广福报

人人都希望自己的福德因缘深厚，因为有时候增加财富，财富不一定是我们的，增加物质财产有时反而是个累赘，唯有福报是真的，到哪里都享用不完。如何增加福报呢?

一、少贪多舍。舍就是一种布施、结缘，缘结得越多，就像播了种，必有收成。所以少贪多舍，必能增广福报。

二、少聚多散。不要积聚财富，因为财富是五家所共有。遇到水灾、火灾、贪官污吏、盗贼及不肖子孙，财富转眼成空。钱要用了才是自己的，因此要多布施、多结缘。

三、少执多放。人不要太执著，执著于一点往往失去全部。要把眼光放大、放远、放开，要能放得下，才能提得起。

四、少傲多谦。做人要谦虚，所谓“满招损，谦受益”，太自满、太傲慢，让人看不起，谦虚的人才会受尊敬。

五、少私多公。人不能只为自己而活，因此不要处处只为自己着想。要常常想到别人，想到大众，能够少私多公，才能融入大众，才能扩大小我。

六、少忧多喜。人生苦短，不要让生命充塞太多的忧郁伤感，要让欢乐喜悦常驻心头，并且影响他人。

七、少爱多慈。爱是自私的，是不究竟的，唯有把爱升华为慈悲，才能平等对待一切众生，才能对人有所助益，所以我们要少爱多慈。

八、少色多德。不要把生命浪费在爱情、美色的追求上，因为爱情、美色会随着时间迁流而产生变化。我们应该在道德、修养上用功，这才是永恒不灭的。

九、少自多他。不要凡事只想到自己，要想到自己以外还有他人，包括父母、兄弟、姐妹、同学、朋友、同胞，及一切众生。

十、少拒多容。泰山不辞土壤才能成其大，所以，能够少拒多容，才会增加福报。

如何健全自己（一）

社会是由群众所组成的，社会的安定与繁荣筑基于健全的个人，所以每个人对社会最好的回馈就是健全自己。如何健全自己，我有四句偈：

一、以慈悲美化社会人心。现在社会大众普遍有个共识，那就是懂得美化的重要。不仅语言要美化，容貌要美化，环境要美化，我们的心更要美化。心灵的美化要靠慈悲，假如今天社会上每个人心中充满慈悲，那么杀、盗、淫、妄等事情自然会减少，社会自然呈现出祥和、温馨的风气，所以我们要以慈悲来美化社会人心。

二、以忍耐化解暴戾之气。现在一般人都缺乏忍耐的力量，一点小事就动口相骂，甚至拳脚相向，使得社会弥漫一股暴戾之气，因此，我们需要有忍耐的力量，忍一时之气，风平浪静，忍耐是勇者的象征。

三、以灵慧增加人间色彩。我们取之于社会，用之于社会，就必须有所回馈。我们要用自身的灵巧、智慧，为社会勾画出一张彩色的蓝图，让人间充满欢笑、安乐，增添人间的色彩。比方说，说几句好话，给一个笑容，点头打招呼，给人亲切的照顾，都可以为人间增添色彩。

四、以和平创造大众福祉。人与人之间应该以和为贵，尤其国家和国家之间，和平更是可贵。从历史的教训中，可以看出多少残酷的战争所造成的悲剧！如果大家都能提倡和平，就能化悲为喜，造福社会大众。

如何健全自己（二）

做人，应当做个堂堂正正、身心健全、有功于社会的人，如此才不辜负父母养我，师长育我，社会大众成就我。如何使自己健全，是一个很重要的课题。怎么样才能使自己健全呢？

一、要有社会性格。在现代的社会里，要想在大众中立足，先要有社会的性格。所谓社会的性格，就是大众的性格。能与人和谐相处，有成就别人、服务别人的性格，就叫做社会的性格。在这个社会上，如果和别人格格不入，不重视别人的利益，没有服务别人的精神与雅量，这个社会就不容许你存在了。

二、要有时代精神。时代不断在变化，我们不能故步自封，不能用保守的观念来迎合新时代，面对新时代要有新的精神，也就是时代的精神。所谓时代的精神，就是乐观、进取、与人为乐、重视家庭伦理、重视社区利益、重视社会国家建设的认知。你要有这种时代的精神，才不会被时代遗弃，才不会被时代淘汰。

三、要有忧患意识。一个健全的人，对国家要有责任感，对社会要有使命感，对整个大时代的未来要有忧患意识，如此才能兢兢业业，敬事斯恒，才能善尽自己的心力，贡献给社会大众。

四、要有使命责任。一个人必须要有自觉的使命感，诸如国家给我们的使命、社会给我们的使命、父母师长给我们的使命。有了使命，才会有责任感，才能恪尽职责，才能有担当，才能自我健全。

如何健全自己（三）

每个人都希望自己功成名就，在社会上有一番作为。一个人要有所成就，首先要把自己健全起来，如此，在社会上、在做人处事上、在成家立业上必定能得到很多的方便。如何健全自己呢？有四句偈可作为参考：

一、持戒布施勤作务。持戒，就是守法。关在牢狱里面的犯人，无不是不持戒、不守法，于是犯下杀生、窃盗、邪淫、妄语等罪业，犯了法就会有灾难；如果守法、持戒，再加上肯布施、勤作务，必能树立自我的形象，必能处处受欢迎。

二、忍辱精进结善缘。做人处事，忍是很大的力量，忍是很大的修养，所谓“小不忍则乱大谋”，所以我们要忍辱精进，要以忍耐跟他人结善缘。

三、读经礼佛增福慧。我们平常要多读经书，诸如儒家的四书五经、基督教的《圣经》，以及教我们如何修身养性的佛教经典等。总之，读圣贤经书都是有益身心的，我们要经常找这些好书来读。此外礼佛可以庄严身心，可以增加修养，可以健身净心。能够经常读经礼佛，自然福慧双增。

四、梵行禅坐利身心。一个人在日常生活中，应该要常行“梵行”。梵就是清净，比方说，我说话，都是说清净的语言；我做事，都是做清净的事情；我听声，都是听清净的音声；我思想，都是想一切清净的人事。能够常行梵行，身心自然清净。如果再能经常禅坐，譬如每天早起一炷香，晚上睡前禅坐五分钟，这样对身体必定有很大的利益。

如何健全自己（四）

人都有无限的潜能，只要自己肯努力，肯发掘内心的宝藏，必能自我健全。健全自己，有四个方向：

一、在处事上要能和睦。人与人之间最可贵的就是和睦相处。有的人与别人相处，总是尖酸刻薄，总是讥讽闲话，造成彼此的伤害。如果人与人之间能够和睦相处的话，就可以省了许多闲事。

二、在是非上要有立场。世间有人的地方就有是非，此亦是非，彼亦是非，是非到处有。在是是非非中，如果我们自己没有立场，随着是非而转，东说东好，西说西好，没有一日安宁好过。所以，在复杂的是非漩涡中，自己要有立场，所谓“是非朝朝有，不听自然无”。

三、在道业上要肯发心。人的一生，除了要勤于学业、事业外，还有道业。道业，就是我们的人格、我们的道德。在道业上，如果肯发心，发心的力量很大：发心吃饭，饭就吃得很饱；发心走路，路就走得很远；发心办事，真的无事不成。所以我们要发心，要发慈悲心、般若心、菩提心，发心为社会奉献，为国家服务。

四、在学习上要能受教。人生是一连串的学习，所谓活到老，学到老。我们时时刻刻都要有学习的精神，而且要能受教。为什么有的人在学习的过程中不容易进步？主要是有排拒的观念，你讲话我不以为然，你做事我看不惯，因此再好的道理，我们都不能接受。所以学习最要紧的是要能受教，受教以后，所有的一切都是我们的了，也就能不断地进步。

如何自我进步

《易经》说："天行健，君子以自强不息。"我们做人，有时候没有父母管教我们，没有师长开导我们，我们更要自立自强，要自我学习、自我进步。如何自我进步呢？有四点：

一、对口业要维护，不要任意妄言。我们每天说话，很容易口不择言、胡说乱道，因而造作了妄语、两舌、恶口、绮语等恶业。如果我们要求进步，首先应该照顾好自己的口舌，所谓修心修身先要修口。从讲话中，往往可以看出一个人有没有内涵，有没有修养。古人说："一言以兴邦，一言以丧邦。"有时因为一句话说得不好，得罪了人，徒然妨碍自己一生的前途，所以要管住口舌，不要随便妄言。

二、对道业要精进，不要懒惰懈怠。所谓道业，就是我们做人处事、人格道德上的事业，乃至我们对宗教的信仰、对社会的服务、对自我的修行等，我们每日都应该反省、检讨、忏悔，更要精进勤修，不可以懒惰懈怠，如此才能日日进步。

三、对学业要努力，不要放逸因循。做一个现代人，如不想跟社会脱节，除了要在学问上不断进修外，还要学习各种现代的技能，并勇于做各种尝试，乃至研究各种佛学。尤其最重要的是，要精进努力，不要放逸因循，自以为可以了、差不多了、够了。所谓“学海无涯”，真正的学问是永远也学不完的，所以不可以骄矜自满，否则不进反退。

四、对事业要开创，不要苟且偷安。每个人在社会上所从事的工作，不论士农工商，都是对社会的一种服务和奉献，是自己的一份责任，所以不可以苟且偷安，要勇敢积极地向前开创，才能有所成就。

如何有道德

做人要有道德，一个有道德心、道德观念、道德勇气的人，言行举止必能合于正道，这也是人之所以异于禽兽者。因为人有道德心，有伦理观念，因而显出人的可贵。我们不只做人要有道德，待人处事也要有道德。怎么样才有道德呢？我提出四点意见：

一、不贪污而喜舍。就是做官的不贪污，平民也能一介不取，凡是不属于我的非分之财我一概不要，平时只想我如何去服务社会，服务大众，我如何多多给人欢喜，给人服务。我曾提出四句话作为佛光人的工作信条：“给人信心，给人欢喜，给人希望，给人方便。”如果大家都能不贪污而喜舍，这个社会必能更和谐更繁荣。

二、不抱怨而仁慈。一个人如果天天怨恨，怨恨父母没有把我生得很美丽、很端庄，怨恨父母没有留给我许多的遗产，怨恨社会国家没有给我多少的利益，这样的日子一定过得很痛苦。其实我们能到世间来做人，父母、社会、国家已经给我们很多照顾了，因此我们不仅不能抱怨，而且要有感恩、回馈的心，要有对人行仁的慈悲心。

三、不懒惰而勤劳。懒惰是最不道德的，因为你自己懒惰，就要靠别人来养活你。所以做人要勤劳，不要懒惰，如此才能建设国家，建设社会，才能帮助别人，利益自己。

四、不执著而明理。凡事不要太执著，凡事都有一个道理，能够依理行事就不会错。

不可邪

这个世界是个正与邪各半的世界。做人有善人有邪人，见解有正见有邪见，事情有正事有邪事。相信大家都不喜欢“邪”，一个人如果做人不正派，说话邪言邪语，就不是正人君子，不能为人所悦。怎样才能做到“不邪”呢？我有四点意见：

一、在思想上不可邪知。在思想上，不可以有邪知邪见，比方说，专门打别人的主意，专门做非法的坏事，专门想一些不重视因果、不重视人伦、不重视道德的邪念，这就是邪知邪见，是错误的思想。

二、在作为上不可邪行。我们做人处事，不可以有邪恶的行为。比方说，不要乱杀生，不要乱窃盗，不要乱邪淫，像现在的社会充斥着枪击、暴力、抢劫、绑票等等事件，这些邪恶行为必定会遭受邪恶的果报。所谓“种什么因，得什么果”，这是很可怕的！

三、在言论上不可邪说。我们不可以搬弄是非、挑拨离间，不可以讲妄语，不可以造谣、说中伤人的话。经常口出邪说妄言的人，迟早会被人拆穿，终将被人唾弃。

四、在心理上不可邪念。所谓举头三尺有神明，我们举心动念不是没有人知道，若要人不知，除非己莫为；就算没有人知道，至少自己心里明白，尤其逃不过因果的法则，所以邪念之心不可以生。古人说一个正人君子即使独处一室，做任何事情都如被十目所视、十手所指那般戒慎恐惧。所以任何时候，自己的举心动念都可以仰不愧于天，俯不怍于地。

力量用在何处

每个人都有力量，有的人做事不着力，读书不着力，那是因为自己用力不够。如何把我们的力量用在适当的地方？我有四点意见贡献：

一、用忍耐的力量来处众。人与人相处，最要紧的力量就是忍耐。在团体中，人多嘴杂，不可能每一个人都是我欢喜的人、每一个人说的话都是我喜欢听的话、每一个人做的事都是我喜欢的事。因此在不同的人事里面，我们要有容纳大众的雅量，要有忍耐的力量，才能接受许多不同的人事。所以要用忍耐的力用来处众。

二、用担当的力量负责。一个人对于自己所说的话、所做的事情要能负责，要能担当。能担当负责的人才能做领导人，不能担当就不能做领导人，所以我们要有担当的力量去负责。

三、用亲和的力量待人。我们每天和人相处，不能一直都是板着脸孔没有笑容，过分严肃的人不具亲和力；没有亲和力的人，做事不容易获得别人的支持、拥护。所以我们要以亲和力待人。挪威曾经立法，明订没有笑容是非法的。所以每一个人不可以没有笑容，不可以没有亲切感，没有笑容的人就没有力量。

四、用禅定的力量安心。我们要怎样安心？必须要有定力，要有泰山崩于前而色不变的禅定力量，也就是要能处变不惊。

发心（一）

我们经常听到佛教徒劝人要发心，发心很重要。发心不是佛教徒的专利，社会上任何一个人都可以发心，比方说，我们发心吃饭，饭菜会特别甜美；发心睡觉，觉会睡得很安稳；做事更要发心，发心便不畏艰难辛苦。所以心一发，无事不成。但要发什么心呢？

一、发慈悲心，人我无间。佛教讲“无缘大慈，同体大悲”，有慈悲心的人必能泯灭人我对待，必能不分亲疏地照顾到周遭的人，自然能与别人没有隔阂，达到人我无间。

二、发信愿心，常随佛学。常随佛学是普贤菩萨所发的十大愿之一。我们学佛，就是要学习佛菩萨的发心立愿，我们要常跟随善知识、老师、大德们学习，有一份发心必有一番成就。

三、发菩提心，上弘下化。菩提心就是“上求佛道，下化众生”的一种愿心。这是学佛的人都应该发的大心，能发菩提心，必能进菩萨道。

四、发无我心，扩大完成。所谓无我，并不是指人死了以后什么都没有了。无我是说我们的心境可以包容一切，将别人看成与自己一样，为了完成大我而可以牺牲小我。能够发无我的心，把自己融入大众，融入团体，那么大众就是我，团体就是我。所以无我之我，反而更大、更高，更能成就一切，完成一切。

发心（二）

发心，就是立志，就是发愿。发心是动力，无论什么机器都要讲究它的动力有多少，我们每一个人所发的心有多大，它的动力就有多大。如何发心呢?

一、耻有所不知的发心。惭愧自己有很多不知道。比方说很多的科技常识我不知道，很多的文学典故我不懂，很多的哲学理论我不明白，甚至于做人处事的道理我都不健全，因而感到惭愧，感到可耻。因为耻于自己不知道，才会激励自己发心学习。所以要广学多闻，要博览一切常识，不会驾驶的就去学开车，不会电脑的就去学习电脑信息管理，不会记账的就去学习会计账目，不会音乐的就去学习各种乐器、唱歌等。

二、耻有所不能的发心。惭愧自己有很多不能，譬如我做事不周全，我教书不能尽职，我领导人不尽圆满。惭愧自己的无能，因此要发心，增强自己的能力，以便能担当负责。

三、耻有所不净的发心。惭愧自己的心地不清净，心里常常充满贪嗔烦恼，常常有侵犯别人的意念，常常心怀阴谋诡计，充满种种贪欲等。因此，要发心来改善自己，净化自己。

四、耻有所不善的发心。惭愧自己有很多不好的地方，譬如没有尽力去做善事，所以今后要多发心多做一点善事，多布施自己的钱财，多带给别人欢喜。

接心

古人说："人之相交，贵在知心。"想要结交一个知心的朋友并不容易，因此可见知音的可贵。在修道的途中，非常讲究师徒之间的接心——老师和学生之间思想要能交流，在思想、见解上可以得到老师的真传，这就叫做接心。我们不管交朋友也好，受教也好，接心很重要。如何和父母、师长、朋友接心呢?

一、见解一致。见解一致才能同一步伐，才能同心协力并驾齐驱。

二、思想统一。很多问题的产生，都是由于思想不统一所致，所以思想统一很重要。

三、精神相依。既然相知、相遇，精神上更要互相依靠。

四、甘苦与共。就是同甘共苦、患难与共的意思。

五、生死不易。面临生死的时候，不以存亡易心。

六、荣辱不离。光荣、侮辱互相分享，互相分担，永远不离开。

七、两心相通。两个人相处，要培养默契，才能心心相印。

八、人我一如。你也好，我也好，你我是一体的，能够泯灭彼此的对待，就能人我一如，彼此同心。

养心

我们经常劝别人要保重身体，却很少想到要保养心理。实际上养心比养身更重要，因为心理的建设、心理的健全，能增加身体的健康，所以如何养心呢？我有四点意见：

一、以和平愿力来养心。我们的心里，要有和平的观念，要有悲心愿力。因为我们的心就像工厂，你有和平、愿力，自能用和平的心、愿力的心去造福别人。

二、以般若福慧来养心。如果我们的心里没有般若智慧，没有福德善念，就像一个工厂没有资源，没有原料，就不能生产好的产品。假如我们的心中充满“般若的泉水”、“智慧的泉水”，就能涓涓不断地流出智慧和福报。

三、以菩提禅净来养心。人有时候有妄想，有烦恼，有是非，有差别，所以要有菩提正觉，要用禅定来养心，要用念佛的清净心来养心。就如一缸浑浊的水，把明矾放进去就清净了。对于我们妄念杂染的心，用正念去清净，用菩提去清净，用念佛去清净，心自然就清净了。

四、以空无包容来养心。有时候我们的心量狭小，不能容物；假如心胸像虚空宇宙，就能包容世界万有。所谓“宰相肚里能撑船”，我们要能容纳异己的存在，这样心胸才会宽广。

治心

俗语说："治国容易治家难。"历史上有名的将相可以把国家治理得很好，可是回到家里，有时候连妻子、儿女都没有办法相处。有的人治家很好，治心很难。他把家庭管理得很好，可是自己内心的贪、嗔、愚痴、邪念等等却没有办法克服，常常为了心里的七情六欲而苦恼。所以，治心也是人生的一大课题。如何治心呢？我有四点建议：

一、要懂得收心。我们的心像猴子，又像盗贼，我们不可以任它在外面为非作歹。王阳明先生说得很好："擒山中之贼易，擒心中之贼难。"山寨里的土匪强盗容易抓，心里的土匪强盗很难抓。"佛说一切法，为治一切心；若无一切心，何须一切法？"所以我们要懂得收心，要有方法来收摄我们的心，不要让它乱跑。

二、要懂得修心。桌子坏了，把它修理一下就可以再用；衣服破了，把它缝补一下也可以再穿；房子漏水，修理一下就不会再漏水了；我们的心坏了，心中充满贪欲、嗔恨、愚痴、骄傲、我慢，也应该把它修理一下。

三、要懂得用心。有的人常常被心所用，自己不会用心。

所谓“心为形役”，我们的心常被五欲六尘左右，被外境的色、声、香、味、触、法所左右，因而引起贪念及憎恨，所以我们要懂得用心，才不会起无明。

四、要懂得明心。禅宗讲明心见性，就是要明白自己的心。要清楚当下的每一刻，这样才能够明心见性，凡事也就容易成功了。

看心

我们平常看山看水、看花看草、看人看事，看尽男男女女，看尽人间万象，却很少有人“看心”。因为尽管我们看尽了世界上的美景奇观，却看不到自己的“心”！心是我们自己的，我们要能明心见性才能找到自己。惠能大师在《六祖坛经》里有四句话，教我们看心：

一、圣人求心不求佛。圣人看心，不一定要求佛；他向自己要求，不向佛求。有一首诗偈说：“佛在灵山莫远求，灵山就在汝心头；人人有个灵山塔，好向灵山塔下修。”求自己比求佛重要，开发自己佛性的潜能比终日空想成佛却不去修行实践更要紧。

二、愚人求佛不求心。愚痴的人天天求佛拜神，跟神明求平安、求发财、求顺利，这是把信仰建筑在贪心上面。一个人如果不反求诸己，不观照自己的内心，不净化自己的心，求佛有什么用？

三、智人调心不调身。有智慧的人平常就懂得治心，因为心为一切万法之本，所以平时要以戒来对治贪心，以定来对治嗔心，以慧来对治痴心，这样妄心就调伏了。心一调治好，相貌自然端庄。

四、愚人调身不调心。愚痴的人往往只注重身体的保健，只知道要注意营养、运动等保健之道。调身虽然要紧，调心更重要。如果只调身不调心，心没有治好，光有健康的身体而没有好心，这个身体不会做好事。如果把心治好，就算身体不健康，但有清净的思维，有善良的言行，他的生活自然就能解脱。

不动心

一个人如果没有修养，没有定力，就会变得很脆弱，常常会被外境所左右，会随外境而动摇。一个有修养的人，遇事能气定神闲，不会轻易受到环境的牵引、动摇。而怎样才能不动心呢？

一、不为财动。有的人钱财很多，但有时候还是为钱出卖人格、出卖道德、出卖朋友，使得自己的人格、生命、节操都让钱财控制，实在不值得。

二、不为情动。有人常因人情难以违背，因此被情感诱惑，使自己的人格被情爱所控制，一生为情所苦。

三、不为名动。名的诱惑很大，例如有人诱你以高位、金钱，让你将义理、道德、操守弃置一旁，这个就是名利操控了我们的人格道德。

四、不为谤动。我们不要轻易为毁谤所动，几句闲话，几句是非，所谓“清者自清，浊者自浊”，不要随便因毁谤而动摇自己。

五、不为苦动。遇到一点艰难困苦就退缩不前的人，一生都将一无所成。

六、不为难动。遇到艰难困苦时要有冒险犯难的精神，如果凡事被困难一阻碍，便裹足不前，最后必定一事无成。

七、不为力动。别人力气比我大，权势比我大，我怕他，我什么事都不坚持，就丧失自尊和人格了。

八、不为气动。经常生气的人，容易心浮气躁，容易动心。我们不能让嗔恚心左右自己。

能修养出“不动心”，就是一种禅心。

美化人心

现在社会大众都很注重美化。如环境要美化、家庭要美化、人生要美化、语言要美化等等，其实我们的心更要美化。

如何美化人心呢?

一、用平等的观念来美化人心。所谓平等，就是我不比你大，不比你多，不比你有，不比你好，我和你是一样的。有了平等的观念，我们就能尊重别人，帮助别人，就能守法，就能与人分工合作。

二、用惭愧的观念来美化人心。惭愧羞耻之心，人皆有之。佛经说："惭耻之服，无上庄严。"我们有了惭愧之心，就能耻自己有所不知、有所不能、有所不清净、有所不善美。因为有了这份惭愧心，所以能知耻图强，改过向善。

三、用感恩的观念来美化人心。懂得感恩的人，表示自己富有。平时我们可以说好话，做好事，给人方便，给人欢喜来表示感恩。

四、用慈悲的观念来美化人心。所谓慈悲，就是我保护你的生存，不让你受到侵犯；我帮助老弱，使老弱妇孺都有所依靠；我救济危难，扶持正义，仗义执言，主持公道。这些都能美化我们的心。

去除心病

我们的身体常常有头痛、肚子痛、胃痛等毛病，我们的心理也有毛病，心理上的毛病就是贪、嗔、痴、慢、疑。如何去除心理上的毛病呢？我有四句偈提供参考：

一、要求不着急。贪念之心，人人皆有，但是我们要能够控制自己的贪心，不能贪求无厌，心中有所要求也不着急马上实现。比方过去我有个心愿，希望成立一个图书馆，于是我就慢慢地买书，十年、二十年、三十年，只要我持续地买下去，必定能够成立一个图书馆。现在我已经建立好多个图书馆了。我想要成立一个佛教博物馆，我就慢慢地搜集佛教文物，我相信只要我不死，十年、二十年、三十年，总有一天会完成愿望。现在佛光山已经有一个佛教文物陈列馆了。所以“要求不着急”。时下的年轻人就是贪心，太着急，希望立刻拥有一切，于是自己制造心理上的毛病。

二、脾气慢半拍。我们发脾气的时候，只要肯对自己说：“等一会儿，慢五分钟，我想一想。”如此脾气就发不起来了，憎恨心就消除了。

三、痴迷转灵巧。我们愚痴、迷惑、不明理都是由于固执己见，假如我们能够多为对方着想，凡事合于公道，如此就能够转愚痴为灵巧了。

四、疑忌化祥和。人和人相处经常会有疑心、嫉妒心。常常别人在讲话，本来与我无关，可是以为他们一定是在批评我，看到一点风就联想到一阵雨，所以在心中产生狐疑，有了狐疑就无法信赖别人，对国家社会、对亲朋好友、对宗教信仰也就不能生起信心。

净化心灵

今天的社会到处充满污染，处在染浊、复杂的环境里，我们如何净化自己的心灵呢？有四个方法：

一、用舍心对治贪欲。我们的贪心、自私心，都是因为执著“我”而起。我要名、要利，要所有一切对我有利的事与物，处处都是为自己着想，因此变得贪婪自私。假如我们现在能换成一种舍心，把我的利益和你分享，把我的知识传授给你，有了舍心，贪欲心自然越来越少，心地自然清明。所以要以舍心来对治贪欲。

二、用慈心对治暴力。今天的社会到处充斥暴力，你看他一眼，他就给你一拳；你不小心碰他一下，他就戮你一刀……到处充满暴戾之气。如何消除暴力？我们不能以暴制暴，应该学习诸佛菩萨以慈眼视众生——你有慈悲心，自然可以慑服暴力。所以今天的社会，希望有更多的人有慈悲心，以此来对治暴力。

三、用正心对治邪见。今天的社会到处充满了邪见。知识有邪的知识，思想有邪的思想，甚至于信仰都是邪的信仰，由于邪知邪见，造成整个社会的紊乱、脱序。要对治邪见，必须要用正心，所谓“佛说一切法，为治一切心；若无一切心，何用一切法？”所以要有正心才能对治邪见。

四、用佛心对治混乱。世界日益混乱，处在混乱的环境中，我们如何不迷乱？有了佛心，以佛心看世间，人人都是佛，世间就是佛土。

放大心胸

一个心胸宽敞的人，不但生性乐观开朗，容易满足，容易获得快乐，做事也容易成功。如何才能放大心胸呢？我有四点意见：

一、往好处看。世上的好好坏坏没有一定的标准，我的心好，看世间都是美好的；心不好，贪欲炽染，看世间就不好。所谓“三界唯心，万法唯识”，一切的境界可以随我们的心识而转变。宋朝的苏东坡和佛印禅师在一起打坐，佛印禅师问苏东坡：“我坐的姿态像什么？”苏东坡说：“你的坐相像一堆牛粪。”反问佛印禅师：“我的坐相如何？”佛印说：“你坐得像一尊佛。”苏东坡很高兴，以为赢了佛印禅师，但是苏小妹告诉他：“禅师的心中是佛，看人都是佛；你心中是牛粪，看禅师的坐相就是牛粪。”所以，我们看世间人事，要有佛心，要有好心，要用善心去看世间。

二、往大处想。世界有多大，我们的心就有多大；我们的心有多大，世界就有多大。宇宙、法界都在我们的心中。有一个青年去爬山，在高山上海阔天空，他感觉世界真大。回到家里，看到当教授的父母和邻居吵架，只为了树叶掉到别家的院子而纠纷，于是觉得：世界如此广阔，为什么还要为芝麻绿豆的小事争执呢？人生常常往大处想，自然心胸开阔。

三、往细处察。佛陀说，世界上所有众生若干种心，如来皆悉知悉见。我们要学习佛陀，看人看事要从微细处用心观察，才能做一个反应灵敏、能综观全局的人。

四、往深处解。凡事要深入思维，人际的种种关系、佛法的甚深微妙，都要深入了解，不要只求表面认识。

如何正心诚意

人与人相处，总希望留给别人好的印象，让别人觉得我们有道德，肯和我们来往，所以“正心诚意”很要紧。如何正心诚意呢？

一、对世间要救苦救难。人活在世间，难免有一些灾难，当别人遭遇不幸的时候，我们要能够及时伸出援手，要多做雪中送炭的事，不必锦上添花，对世间要有救苦救难的精神。观世音菩萨之所以能受到家家户户的恭敬、供养，就是因为他能救苦救难。只要我们对世间救苦救难，必能受到大家的欢迎。

二、对他人要感恩念德。有的人，别人待他百般的好处，他很快就忘记；但是只要别人有一点不顺他的意，他就一直计较，念念不忘。这种不知感恩而喜欢记仇恨的劣根性要去除。《维摩诘经》告诉我们，对朋友要不念旧恶，要感念别人对我们的好处，所谓“滴水之恩，涌泉以报”。

三、对家属要共荣共有。每一个人都有亲戚、朋友、家人，如果我们对待家人、亲戚、朋友都能荣辱与共、同甘共苦，眷属必能和谐，家庭必然和乐安详。

四、对社会要献心献力。人活着，当然不能离开社会，社会是大家所共有的，有的人对国家要求这个要求那个，殊不知国家社会的进步必须靠每个人主动献心献力。就好像一棵大树，你摘它的树叶，剥它的树皮，砍它的树干，这棵大树就不能长久；如果大家共同来浇水、施肥，这棵大树就会茂盛繁荣。

如何安心立命

处在当前这个充满声色诱惑的世界里，我们如何安心立命呢？有四个方向：

一、用平常心来生活。人的生命中如果只有金钱，一旦没有了钱，生活就会痛苦不堪；如果以爱情为生活的重心，一旦爱情变质了就会很苦恼。所以在世上，应该要用平常心来生活。唐朝的青原行思禅师说："没有参禅的时候，看山是山，看水是水；参禅以后，看山不是山，看水不是水；悟道之后，看山仍是山，看水仍是水。"什么道理呢？因为在没有悟道的时候，所看到的山、水是假相，是从分别心上建立起的虚妄认识；等到参禅以后，看山不是山，看水不是水，因为这时是透过智慧所看到的山水，它已不是本来的样子；到了悟道以后，看山又是山，看水又是水，这是因为已能用平常心视之。虽是虚妄假相，只要我们以平常心来生活，日子就会过得很自在。

二、用惭愧心来反省。一个人如果不知惭愧，就不知道羞耻，所以日常生活要不断地以惭愧心来反省，所谓"惭耻之服，无上庄严"。能有惭愧、知耻之心，自能增进道德，增进修养。

三、用无住心来修持。我们要修持，要修养，就要无所住而无所不住，也就是《金刚经》所说的"应无所住而生其心"。就像太阳，它住在虚空中，它无住而住，所以能光照天地。

四、用菩提心来契道。《华严经》说佛法在众生身上求，所以我们要用上求佛道、下化众生的菩提心来入道。《阿含经》也说三世诸佛皆于娑婆成就佛道。因此，不发菩提心，便无法契入佛心，也不能成就佛果。

有道者的心态

道德，像一件华丽的衣服，可以庄严一个人的仪表。一个有道德修养的人，自能从内心散发一股慑人的气质，令人一望，心生景仰。有道德、有修养的人，他们的心中到底是什么样子呢？

一、侮辱不以为耻。有道的人，听到侮辱的话语，受到侮辱的逆缘，他丝毫不以为意，一点也不以为耻。因为他行得正，他知道自己的所行所为，所以不必计较外来的侮辱、毁谤。

二、卑屈不以为贱。一个有道的人，即使别人看不起他，把他看成是卑贱的人，他也不受影响，因为他知道自己的人格、道德，不一定要求别人来了解、来重视。

三、艰难不以为苦。有道者遇到一些挫折、艰难、困苦，亦能如饮甘露，不但不以为苦，反而更加勇猛、精进。

四、迫害不以为意。遇到各种伤害、逼迫，他能够不介意、不着意。像一个球，你打它一下，它跳得更高；你越迫害他，他越是坚强。

五、利众不以为烦。一个有道者，他生命的价值是来自于能“饶益有情”，因此他乐于服务大众，欢喜做利益大众的事，他心甘情愿为众生做马牛，欢喜为众生辛苦，一点也不嫌麻烦。

六、恩宠不以为荣。假如有什么光荣，有什么奖赏，有什么荣誉给他，他也不以为光荣，因为他对世间的虚名、虚荣都能看得开放得下，这就是有道者和一般人心态上的不同。

点亮心灵的灯光

我们如果要净化社会，必须要先净化自己、净化心灵。净化心灵就是点亮自己内心的明灯，要把自己的慈心点亮起来，才能净化。我们要点亮什么灯光呢？

一、点亮家庭伦理的心灯。有时候我们只看到自己，没看到家人；有时候看到外面的人，没有看到自己身边的人。我们要注重家庭伦理，如果连自己家人都不尊重，又怎么去爱社会国家呢？家庭伦理就是父慈子孝，兄友弟恭，夫妻互敬互爱。能够把家庭伦理的心灯点亮了，才能让所有亲人都活得非常的欢喜，过着非常快乐的日子。

二、点亮尊敬和谐的心灯。人与人相处是彼此互动的，最要紧的是互相尊敬。你不尊敬别人，别人就不尊敬你，你对别人不和谐，别人对你也不和谐，由此引起彼此间互相欺诈、斗争。所以我们对于社会、朋友、同事要点亮一种尊敬、和谐的灯光，你看我清清楚楚，我看你明明白白，这样互相友好尊重，就是日日是好日了。

三、点亮祝福友爱的心灯。要常常心香一瓣，祝福我的朋友身心健康，事业如意，这样人人为我，我为人人，社会自然呈现一片祥和之气。

四、点亮互相包容的心灯。我们要尽量帮助别人，包容别人，要时时刻刻给人信心，给人欢喜，给人希望，给人方便。

五、点亮守法服务的心灯。我们心中要有法治观念，对于社会要有服务的观念。心中有明明亮亮的灯光，才可能把一切是非得失照得清清楚楚；心中有守法、服务的观念，才可能福利大众。

六、点亮勤劳节俭的心灯。心里面勤劳的灯光点亮了，告诉自己：我要工作，我要勤劳。不但对自己的事业要勤劳，对别人的事业也要勤劳，对国家社会大众的事业更要勤劳。此外，点燃节俭的心灯，不仅在金钱上要节俭，财务上要节俭，尤其要爱惜时间、珍惜感情，要有节俭时间、节俭感情的观念。能够勤劳节俭，必能有一番作为，所以要点亮勤劳节俭的心灯。

七、点亮忍让和平的心灯。我要对别人忍让、和平，要给人尊重，给人和谐，如此才能与大众和睦相处。

八、点亮般若智慧的心灯。我们心里的灯，最光明的就是般若智慧。智慧由心生起，有了般若智慧，就可以把红尘世界的真相看得清清楚楚，把人情看得清清楚楚，把事理看得清清楚楚，把宇宙人生都看得清清楚楚，对于自己何去何从当然就有一个标准。

如果我们不从自己的心里建设，不把自己的心光点亮，任凭做什么样的好事，做什么样的功德，总有缺陷，总有遗憾。

卷五

自度与度人

佛教是幸福的宗教，是快乐的宗教，是喜悦的宗教。有时候佛教所以讲烦恼，讲痛苦，就是要你知解之后离开烦恼，离开痛苦，才能快乐，才能喜悦。佛教有大乘、小乘之分，简单地说，小乘是自度，大乘是度人的。

我们要信仰什么

每一个人活在世上，除了要求种种的生活方式，还需有一个信仰。这个信仰，并没有宗教上一定的限制，重要的是你不能迷信，不能邪信，更不能误信。放眼今日社会，信仰错误的人比比皆是，究竟我们要信仰什么呢？

信仰应有如下的条件：

一、信仰实在实有的。我们信仰的对象，一定要在历史上有根有据，比方说释迦牟尼佛、耶稣基督、穆罕默德、孔子、老子，这些信仰的对象是实实在在的，而非来无影去无踪、凭空想象出来的。

二、信仰道德高尚的。我们信仰的对象，其道德是否圆满，人格是否高尚，身心是否清净，都是我们所应该深思并了解的。

三、信仰能力强大的。他具有能力，能救苦救难吗？如果他连自己都无法挽救，又怎能救我们呢？所以，我们不能信仰一些不明的神仙，那种鬼神不能帮助我们获得解脱，因此不值得信仰。

四、信仰戒行清净的。如果我们信仰的神要人杀生来祭祀它，这便是不能清净戒行，又如何能大慈大悲呢？

五、信仰正法圆满的。信仰的正法如果不能圆满，处处有缺陷，如何能彻底解决我们所面临的问题呢？

六、信仰智慧超然的。有超然的智慧，才能透视生命，才能解决世间、出世间的苦难及烦恼，才是值得我们信仰的。

佛教的特性

时常有人问我佛教的特性是什么，我认为佛教有六大特性：

一、与众生相应的人间性。佛教是为众生而设，为人类需要而设的宗教，所以它有人间性。人类需要有道德的规范，佛教就讲道德情操；人类需要人格的升华，佛教就重视人格升华；人类重视了生脱死、灭除烦恼，佛教就有许多生死解脱的方便法门。

二、与众生和合的生活性。众生在世间谁也离不开生活。

人间生活最要紧的就是生活要和谐，生活要和合，因为世间不是一个人的，是大家共同相依生活的，所以佛教与众生有和合的生活性。

三、与众生有利的慈悲性。我们活在世上，佛教对我们最大的利益，就是指导我们如何慈悲，如何实践慈悲，佛教最具有这个慈悲性。

四、与众生快乐的喜悦性。佛教是幸福的宗教，是快乐的宗教，是喜悦的宗教。有时候佛教所以讲烦恼，讲痛苦，就是要你知解之后离开烦恼，离开痛苦，才能快乐，才能喜悦。

五、与众生肯定的平等性。我们的社会，大家都讲自由，都讲民主，自由民主是建立在平等上面的。所以释迦牟尼佛成道的时候就发表一个宣言："大地众生皆有如来智慧德相。"一切众生皆有佛性，所以大家都是平等的，心、佛、众生三无差别。佛教给予众生肯定的平等性。

六、与众生认同的普济性。佛教具有普济社会大众的性格，大家相携相扶，相让相助，才能共同解脱，共同自在。

信仰佛教的意义

"信仰佛教有什么意义？"时常有人提出这样的疑问。现在我明白地告诉各位，信仰佛教的意义是：

一、为生命留下历史。一个人活在世上，不过短短数十年寒暑，生也好，死也好，大多是庸碌平凡的，无人知道，生来死去都没留下一点纪念；假如信仰佛教以后，知道了生命的意义，可以为个体的生命留下一段历史，留下一些纪念。

二、为社会留下慈悲。一个信仰宗教的人，他对社会有责任感，像基督徒讲博爱，佛教徒说慈悲，所谓“慈能与乐，悲能拔苦”，信仰佛教的人，要为国家解除困难，给社会大众安乐，救济社会大众的苦恼，拔除社会大众的灾难。

三、为自己留下信仰。信仰佛教的人，常常参加一些佛学讲座，参加一些法会，常常到寺院服务，就在道场里留下了你的信仰。因为一个佛教徒，他的人格、他的道德，都可以从信仰里看出来，在道场留下自己的信仰，就是留下自己的人格、自己的道德。

四、为人间留下贡献。一个没有宗教信仰的人，不容易有视人如己的心胸。如果他有了佛教的信仰，他就会为人间从事很多的慈善事业，对人间做很多的服务，也为人间留下很多的贡献，使人景仰怀念。

大乘佛教的精神

佛教有大乘、小乘之分，有人问：“什么是大乘佛教？什么又是小乘佛教？”简单地说，小乘是自度，大乘是度人的。“乘”是车乘，小乘是小的车子，可以乘载一个人，所以叫小乘；大乘是大车子，可以乘载很多人，所以叫大乘。我们应该学习大乘佛教的精神，利益方便很多人，让人人都可以搭乘。大乘佛教的精神是什么呢？有六点：

一、以布施来度人。度人首重布施，布施给人利益，给人快乐，给人欢喜，给人方便。

二、以持戒来节欲。人的欲望是无穷无尽的，节制欲望要靠持戒。持戒就是约束不当的、不好的，凡不可为的皆不能做。

三、以忍辱来修持。最大的修养就是忍辱。佛陀经常教诫我们，布施、持戒功德都不及忍辱，“忍一口气，风平浪静”，忍的功德很大，可以消灾免难。

四、以精进来降魔。社会上有声色、名利的魔，内心里有贪嗔、烦恼、七情六欲的魔，如果要降魔，必须要有精进的精神、勇气、毅力。学佛修行和作战一样，要用精进勇猛和烦恼的魔王作战。

五、以禅定来安住。我们安住在金钱里，金钱一旦倒闭就烦恼；安住在爱情里，当爱情起变化就烦恼；安住在朋友间，朋友离开了也要烦恼。最好安住在禅定里，处变不惊，以不变应万变。

六、以般若来化恶。以般若智慧化除世间的种种恶事、恶因缘，才能自度度人。

什么是佛道

所谓“佛道”，就是佛教的真理。什么是佛教的真理？有四点：

一、自由业力是佛道。佛教和一般宗教不同的地方，就是佛教不讲由一个神明来控制自我，不主张另有天神赏赐我们善恶，赏赐我们好与不好。佛教主要是讲人的行为，主张自己决定自己的一切，就是“自由业力”。每一个人做了好事的因，自然会生出好的业果。所以业力是非常自由的，它没有什么特殊，没有什么权威，所谓“自作自受”，就是佛道。

二、缘起中道是佛道。佛教讲究世间的一切都不是单独存在的，而是彼此相互关系，因缘和合而生起的。所以不只说生不只说灭，不仅仅说有说无，它完全是一个中道。体解缘起中道的本性，就是佛道。

三、民主平等是佛道。现在我们讲求民主，佛教的教理最民主，人和佛没有大小的分别：佛是一个觉悟的人，人是还没有觉悟的佛。人和佛在本性上是平等的，所谓生佛平等、男女平等、智愚平等，一切众生都是平等的，这种民主平等的思想就是佛道。

四、无我超越是佛道。每一个人都执著自我，因为执著自我，就有你，就有他，就有世界，就有人我对待，就有是非得失。假如无我，超脱了我相、人相、众生相，超越了一切而无相，那么世界大同，人我一如，就是真正的佛道了。

如何学道修行

我们在世间做人，总想要做一个成功的人，总希望事业顺利、课业进步、人际关系和谐、家庭幸福美满……最好做什么都能有所成就。学道修行也是一样，总希望对佛法真理有所体悟，以祈能了生脱死，活得自在。我们要如何学道修行，才能开悟证果呢？我有四点意见贡献给大家：

一、从淡处着眼。学道修行的人不要太执迷于感情而被感情束缚，不要什么事都希望别人以浓情厚意待我，有时候感情太浓烈了反而不能长久。所谓“君子之交淡如水”，青菜萝卜虽然味淡，若是天天吃，青菜萝卜也会吃出滋味来的。

二、从无处下手。无，不是没有，无中可以生有，所谓“真空生妙有”，要先“空”才能“有”。比方说，一块空地，什么都没有，才可以建高楼；心里没有成见，才能接受真理。茶杯要空，才能装茶水，才有甘醇的茶水可以喝；假如茶杯里面已经有了酒、油，味道就变质了。因此，“无”，并非不好，从“无”里面可以体会更多。我们做事也要有从“无”

开始的观念，不要希望人家都为我做好、准备好，真正有用的人能够从空无的地方成就一切。

三、从疑处用心。佛教和其他宗教不同，它重视“疑”。所谓小疑小悟、大疑大悟、不疑不悟。要在学道上用心发掘问题，此即禅宗所谓的“参话头”。能把一句话紧紧守住，行住坐卧都不离，在疑惑处下手，如此学道才会有消息。

四、从拙处力行。抱着笨拙的心去学道，古人曾说：“勤能补拙。”我们做任何事，只要能精勤力行，终有寸进。

道在哪里

常常听人说他要修道、学道，但道在何处？道不一定在佛祖那里，道也不一定在出家人那里；道应该是在每一个人的眼前、每一个人的身边、每一个人的心里，所以自己要有道。但要有什么道呢？

一、学习接受，是自我充实之道。现在的青年学生，有些人读书有进步，有些人读书没有进步，原因何在？在于他没有学习接受，台上老师讲课，他在台下神游；父母说的经验谈，儿女并没有受教；长官讲的连篇道理，他也没有接受。所以，一个人要自我充实，要自我进步，要自我有道，在学习的时候，就必须要接受，认真听讲外还要听得透彻。佛经中有言：

“以闻思修入三摩地。”意思是听了以后要思，思了以后还要修，所以这个接受就有道，这样的学习就会有成就。

二、想当然尔，是自在安忍之道。现在有的人，有好意见时总是唱反调。但一个有为者，老师骂他、打他，他会觉得理所当然，因为这是教育；父母责怪他，长官批评他的种种不是，他都认为这是理所当然。这就是自在安忍之道。

三、凡事忍耐，是自由快乐之道。一切事情都要忍耐，忍耐就是力量。现今，有的人就是不能忍耐，即使是一点点不顺意也叫苦连天，因此他就不能自由快乐，不能担当。

四、赞美别人，是自己善缘之道。常说好话，赞美别人，人家喜欢，自己也欢喜。所以赞美别人，自己就有道，就是结缘之道。

何谓佛性

何谓佛性？佛性就是成佛的性能。每一个人都有成佛的性能，只是自己不知道罢了。当初释迦牟尼佛在印度菩提树下金刚座上开悟，悟道以后第一句话就说：“奇哉！奇哉！大地众生皆有如来智慧德相，只因妄想执著而不能得。”

什么是如来的佛性呢？就是每一个人本来具有的性能。任何东西都有性能，性能好价值就高；人也有性能，比方说我能苦能乐、能忙能闲、能早能晚、能饱能饿，这表示性能很好。因此每个人都要发挥自己的性能，甚至于将来都可以成圣成贤、成佛做祖。何谓佛性呢？

一、处凡愚而不减。虽为凡夫，处在愚痴的人生里，佛性并没有减少，而且是人人本具、个个不减的。

二、在圣贤而不增。对佛、菩萨而言，佛性是不增不减的，所以说心、佛、众生三无差别。佛是已觉悟的人，而人是没有觉悟的佛。觉悟有先后，但佛性是平等的。

三、住烦恼而不乱。人在烦恼里，尽管有是非人我，佛性却丝毫不乱。就好像黄金，你把它做成金戒指、金耳环、金手镯，甚至于金筷子、金碗、金手表，虽然千差万别，可是黄金的本性是不变、不乱的。

四、居禅定而不寂。在禅定里，佛性是朗朗光照，如明镜能照见万物，不失功能。

障道的因缘

障道的因缘，就是我们做事情常常遇到障碍。读书遇到障碍了，交朋友遇到障碍了，留学遇到障碍了，创办事业遇到障碍了，甚至于要建一栋房子、要买一个家具都遇到障碍了，乃至修行、信仰也遇到障碍了。障道的因缘在哪里呢？有四点：

一、口说不行。真正障碍我们的还是我们自己，外来障碍的力量有限，自我障碍的力量很强大。口说不行，常常说，说了又不做，说久了以后人家不相信你，这时候就是障道了。

二、心想谄曲。你心里所想的，都是打别人的主意，都是自私，都是自己多得到一点利益。这种谄曲不正的心，别人不是盲目的，也不是糊涂的，他会知道，他不但看到你的人，看到你的面孔，也看到你的心，你的心谄曲，他当然不要和你来往。

三、身行恶事。你如果生活中有很多不良记录，交朋友没有信用，自私、见利忘义，甚至做过很多非法的事情，别人就不愿跟你合作，不跟你来往，所以身行恶事也是障道的因素。

四、人我计较。你和人相处，和人合作，和人创业，不要锱铢必较。你计较很多，人家当然不愿跟你建立太密切的关系。很多好因缘往往是自己把它破坏了，我们如果不改正自己的因缘，就永远有障碍。

皈依的认识

近年来信仰佛教的风气很盛，多少人来到佛门皈依了三宝。皈依三宝是归投依靠三宝的意思。皈依的真正意义有什么呢？

一、皈依不是吃素斋，不是受戒约束，不是剃度出家。皈依是表示我信仰佛教，假如没有经过皈依这个仪礼，只是拜拜、烧香，不算佛教徒，只能算是一个佛教的尊敬者。做一个佛教徒必须经过皈依的程序。皈依不是吃素，与吃素没有关系。不皈依的人也可以吃素，皈依的人也可以不吃素。皈依不是受戒，皈依没有什么戒条约束；假如有，也是说我信仰佛教，我不改变信心，与五戒、菩萨戒是不相同的。因此，皈依不是吃素、不是受戒，当然更不是出家。

二、皈依不是皈依神，不是皈依师父，不是酬谢报偿。皈依之后，仍然可以拜神，例如妈祖、城隍、关公、仙公等，那是一种恭敬。我们对不同宗教的人不是也握手敬礼吗？所以神是可以拜的，但并非皈依。皈依三宝时，主持皈依的法师只是给我们作个证明的师父，证明我们是三宝弟子，是佛教徒，因此皈依不是拜师父。皈依不是为了要酬谢、感恩神明，而是坚定自己的人生信仰，所以不能随便。

三、皈依不是一时的，不是只一次的，不是一皈依的。不能说只皈依佛，就不皈依法，不皈依僧；皈依是皈依三宝，是佛、法、僧一体皈依。皈依更是终生的信仰，一生以佛陀的教法为依归，做一个健全的佛弟子。

受戒的好处

目前社会上，有一个很好的现象，越来越多的人到寺院受戒，受五戒、菩萨戒。为什么这么多人要去受佛教的戒律呢？这是现代提倡法治社会的必然现象，因为在法治的社会中，大家都要守法，一个佛教的信徒就要受戒。受戒有什么好处呢？我有六点看法：

一、戒如良师。戒，就像我们的老师一样，什么能做，什么不能做，它指示我们方向。

二、戒如轨道，可以规范我们的行为。例如，佛法可以规范我们的进退，可以引导我们的行事。

三、戒如城池，可以防护外人的侵犯。一个守戒的人，平常不乱杀生，不乱偷盗，也不乱淫，不乱说，不乱吃，不做一切非法的事情，所谓“平常不做亏心事，夜半敲门心不惊”，所以戒如城池。

四、戒如水囊，可以解除人生旅途上的干涸。戒告诉我们这个不可以，那个不可以，让我们不生起贪欲心、嗔恨心，不会为非作歹，如同得到甘露灌顶，时时清凉自在。

五、戒如明灯，可以照亮前程的黑暗。我们受戒，戒条明明白白告诫我们：不可以侵犯人，不可以骂人，不可以打人，不可以做坏事，等于人生前程中的一盏明灯，让我们看清楚前途何去何从，不至于走岔了路，不至于摸黑倾跌。

六、戒如璎珞，可以庄严我们的法身。每个人都希望穿着高雅，都希望有美丽的装扮，戒就是璎珞，就好像穿在我们身上的美丽衣服，可以庄严我们的相貌。一个受戒的人，就有道德人格来庄严自己。

无常的价值

在一般人的思想观念里，大都不喜欢无常，总觉得：人生无常，令人恐惧；人情无常，令人悲伤；世界无常，成住坏空；一切无常，虚假如幻。所以一谈到无常，往往认为是消极的、悲观的、没有意义的。但从另一层面来看，无常实际上是蕴含着积极奋发的思想。所以，对于无常的价值，我们应该有如下的几点看法：

一、带来希望的人生。无常的定义是好的会变坏，坏的会变好，所以它带给我们无穷的希望，它让我们懂得珍惜美好的，改善不好的。譬如现在我贫穷，没有关系，贫穷是无常的，我可以努力，总有一天我会成功的！一旦我有钱了，我也知道要好好惜福，因为我知道无常，如果不好好爱惜，千万金钱也会随流水而去。在情感上，你爱我，我会珍惜，你对我不好，没关系，我来改善不好的前因，未来我们就有希望结成善缘。

二、具有自由的精神。无常的另一个定义是，凡事都不是命定的。因此，每个人都可以改变自己的命运。我可以从改变处世的方法等种种改变上，来扭转原有的命运，这种改变，是我能你能，大家都能的。因为无常是人人平等的，无论你是国王大臣，还是贩夫走卒，无常一样跟你在一起。所以大家都可好可坏，可坏可好，这是很平等的。

三、否定神权的控制。人活着，最苦恼的就是对自己的未来茫然无知，因此很容易被神权控制，很容易把自己的未来交给神权去主宰。但是如果明白无常的道理，就会肯定自己的未来，就能脱离神权思想的控制，而做自己因缘的主人。

四、破除命定的论调。如前所说，凡事都不是命定，命运是操纵在自己的手中，所以只要我们心好，只要我们不侵犯别人，而又能广结善缘，无常亦能使乖舛的命运转好。

善知识的条件

一个人找老师一定要找好老师，交朋友一定要交有德的朋友。如果我们所交往的对象都能影响我做善事、发善心，这就是值得我们交往的善知识。善知识的条件有四：

一、要有悲悯的心怀。所交的朋友、老师不但要有慈悲心、怜悯心，而且要有入俗的心怀，有普利的胸襟，对我都说让我向上、向善的话，勉励我为圣为贤。

二、要有正直的性格。所交的朋友、所找的老师，如果谄佞、不正直，就是不好的。好的师友必须要有真心、直心，《维摩经》里讲“直心是道场”，诚实、正直才是善知识。

三、要有明辨的慧巧。我的朋友、老师要能明辨是非，分别善恶，有权衡轻重的慧巧。如果我的朋友、老师，或与之有交往者，都无法做到上述的条件，那我与他相处必定也受影响。

四、要有公正的态度。朋友、老师的做人处事要能公正、公平，所有一切都能公开，我和这样的人来往，必定受其利。即使没有朋友的相助，自己本身也要努力做到这种善知识的条件。

如何学习

一些青年朋友，乃至有心学佛的人士，经常问我："如何学习？"以下这首四句偈提供给各位做参考：

一、为学当重闻思修。学习可分三个阶段，一是闻，二是思，三是修。佛教说智慧的来源是闻所成慧、思所成慧、修所成慧，精进闻、思、修才能进入三摩地，才能成功。所以我们学习，首应注重听闻，要谛听，听闻以后且要用心思考，经过思考后，再由理论上去实践。

二、将来必须说写作。经过闻、思、修以后，就必须说、写、作，因为你必须把自己学习的成果说与人知，写给人读，并且亲自去实践，否则徒然浪费工夫，到头来也只是个自了汉。但是，假若你未经过闻、思、修三个阶段，那么说、写、作就不能透彻了。

三、若能具备戒定慧。学习的过程中，要守戒，要修定，要有智慧。戒，就是守法；做学问如果不守法，求得再好的学问也是白费。要修定，才有定力，身为学者，不能冲动而没有定力。更要有智慧，要有正确抉择，要能权衡是非、明察善恶。

四、必可清净乐融融。经过闻思修、说写作，进而具备戒定慧后，未来将是清净乐融融。不论对自己、对大众、对朋友或与他人共创事业时，必然能够任运悠游自在快乐了。

学习的目标

学无止境！人生该学习的事情太多了，生命本身即是一连串的学习。学习有很多的方法，天文地理、文学艺术，各有不同的学习法。但是学习的精神和目标应该都是一样的。学习是为了：

一、升华我们的人格。人都有七情六欲，都有贪嗔烦恼，我们既不能随着七情六欲打转，也不能任由贪嗔烦恼左右，我们要升华自己的人格，让我们从七情六欲里提升出来，从贪嗔痴烦恼里超越出来。要升华人格，就必须要学习。

二、净化我们的烦恼。谈到人生的烦恼，真是“天长地久有时尽，烦恼绵绵无尽期”，我们每天都有烦恼、有困扰：没有钱的时候烦恼，有了钱也烦恼；没有人爱我们的时候烦恼，有人爱我们也烦恼；真是有也烦恼，无也烦恼。我们如何才能超脱烦恼？最要紧的是，净化我们的身心，身心净化了，烦恼便无从生起。

三、扩大我们的心胸。人生有很多事情为什么无法解决，都是由于我们心胸狭窄，不能容人，别人当然对我们不好；心中不能容物，世间万物都将成为我们的障碍。所以要扩大心胸，要像佛菩萨用慈悲心包容天地，包容世界一样。我们能爱朋友，就能包容朋友；爱儿女，就能包容儿女；爱众生，就能包容一切众生。能有这样宽大的心胸，才会富有。

四、庄严我们的世界。每一个人都有他自己的世界，一张办公桌是他的世界，一个房间是他的世界，一个社会是他的世界。如何庄严我们的世界呢？如果我们所经过的地方，我们所遇到的人，我们生活里的一切事物，都因为我们而获得一种庄严，这就是至高无上的学习。

出世的思想

我们常听说先要有出世的思想、再办入世的事业。什么叫“出世的思想”呢？

一、对人生要有无常的警觉。人生非常短暂，岁月总在我们的疏忽间一去不回，千万不要误以为孝顺父母、报答恩情来日方长。人不能醉生梦死，对于人生，应该有无常的警觉，什么事就应立即去做，不延迟，以出世的思想来增加我们入世的精神。

二、对物质要有远离的看法。物质会引起我们的欲望，让我们生起贪念的心。物质是有穷尽的，欲望是无穷尽的，所以被物质引诱，苦海越陷越深。假如我们对物质有远离的看法，有不受物累、不被物质束缚的出世思想，如此才能更放开胸襟，为国家、社会、人类谋取幸福。

三、对情爱要有淡化的观念。由于情爱的执著，就有许多感情上的烦恼和困扰。如果我们能把爱情升华，以夫妻相爱的感情来爱我们的父母、朋友，乃至社会、国家，那么，因情爱所发生的问题自然就会减少。私爱越淡，对社会国家的大爱就会增长。

四、对自己要有不满的要求。人常常是苛责别人，原谅自己的。如果反过来，对自己有不满的要求，觉得自己不清净、不慈悲，觉得自己的修养还不够，就会更加奋发上进，更能为别人设想。

如何修行

谈修行，论修行，重要的是如何修行呢？可用四句偈十二种修行来做：

一、修身修口修佛心。首要是先修身，譬如不杀生、不偷盗、不邪淫、不打人、不乱做坏事，这就叫做修身。不妄语、不两舌、不绮语、不诳语、不随便乱说、不讽刺人、不伤害人，叫修口。最后还要修佛心，让我们的心跟佛陀的心一样，就是慈悲心、平等心、般若心。

二、修自修他修人我。把自己修健全了，叫修自。让别人也得到利益，让别人也渐渐地健全，好像父母教导儿女、老师教导子弟，这就叫做修他。修人我，是把人我的关系改善，大家和谐相处，这就要靠修养的功夫。

三、修时修地修密行。任何时候都可以修行，或一分钟梵行，或五分钟打坐，或十分钟念佛礼拜。修地，就是在房间里、客厅里，不一定在佛堂，随时随地，举心动念，皆可以修行。修密行，就是自己要有一点梵行，有一点密行，不一定要人家知道我有修行，我举心动念都有密行。

四、修福修慧修禅净。造福人群，利益别人，叫修福。修慧，就是自己要有灵巧、智慧、聪明，能悟道。修福修慧，福慧双修，再修禅、修净土皆可。

自悟修行

我们对于世上的知识、财富、爱情……总是期望别人能教导我们、成全我们、爱护我们，乃至于觉悟成佛都希望别人帮忙。但就禅宗而言，世上的一切事情，求人不如求己，凡事靠自己才是根本可行之道。过去，有人问禅师："怎样才能开悟？"禅师回答："我现在没有时间说明，我要去吃饭了。"你能代他去吃饭吗？他能代替你开悟吗？吃饭、开悟，全在于自己。如何自悟修行呢？有四点：

一、要自我观照，反求诸己。观照自己在不在，观照自己的心动不动，观照自己能否把持自己，凡事要多多反求诸己，宽以待人。

二、要自我更新，不断净化。自己的心要不断地更新，不断地净化。我们的烦恼虽多，但今天除烦恼，明天除烦恼……八万四千烦恼总有消除的一天。

三、要自我实践，不假外求。佛法告诉我们，为人处事与修行都要靠自己去实践，要自己守信、守时、守分、守约，不向外觅求。

四、要自我离相，不计胜负。世人太执著于相，太爱在表面上、语言上、小事上斤斤计较。计较人我、得失、胜负，使我们天天陷溺于人我是非得失的风波里，不得安宁。因而我们要离一切相，离我相、人相、众生相、寿者相，不被迷惑，不计胜负，进而臻于安身立命的境界。

"自悟修行"之道看似容易，真正身体力行却是一种自我的考验，虽然不易实践，但还是必须靠自己，任何人都无法替你开悟，替你修行。唯有自我体悟，方能对人生有更加清明的领会。

修道者的行仪

我们经常看到一些修道人，他们庄严的仪表，令人一见就忍不住心生景仰、赞美，这就是佛教所讲的威仪。佛教里有所谓“行如风，立如松，坐如钟，卧如弓”的四威仪，也就是说，行走的时候要像一阵风般地轻快敏捷，站的时候要像古松般地正直挺拔，坐的时候要像大钟般地沉稳庄重，睡觉的时候要像弯弓般地右胁而卧，也就是所谓的吉祥卧。另外有一首佛教偈语，也是关于行仪的，可以在日常生活中观照自己的举止动静：

举佛音声慢水流，诵经行道雁行游；
合掌当胸如捧水，立身顶上似安油；
瞻前顾后轻移步，左右回旋半展眸；
威仪动静常如此，不愧佛门修行人。

这是说，念佛的音声要像海潮音一般，轻轻柔柔、细细缓缓的，仿佛是涓涓滴滴地慢慢流着。“诵经行道雁行游”，是说诵经的时候，或者是绕佛走路的时候，要像天上的飞雁，很规律、很整齐地排列成行，而不是散乱漫走。“合掌当胸如捧水”，合掌的时候，要像手中捧着水一般的谨慎，不可以松散而失去威仪。“立身顶上似安油”，站着的时候，要像头顶着一碗油，昂首而立，如如不动。如同现在选拔中国小姐、世界小姐，如果要训练她们走路，也会让她们头上顶着东西走，才能走出万千仪态来。“瞻前顾后轻移步，左右回旋半展眸”，就是说走路的时候要观前顾后，慢慢地一步一步，但不可以东张西望，纵然左右有一些你想知道的事，也只能半展眸，约略知道就好了。

威仪动静能够如此，就不会惭愧自己是佛门中的修行人了。所以，如果想成为一个很有威仪的人，应该把这一首佛门行仪的诗偈牢记在心。

如何修持身口意

有时候我们讲修身，有时候我们讲修口，有时候我们讲修心、修意，究竟要如何修持身、口、意呢？

一、身常行慈，不杀不盗不淫。我们身体所犯的罪恶之中，最严重的就是杀生、窃盗、邪淫，也就是杀、盗、淫。杀人、伤害、打人，是犯法的，窃盗、抢劫、绑票、侵占，也都是犯罪，乃至于邪淫、不正当的感情，有伤风化、妨害家庭、拐骗等，都是罪恶。如果身常行慈，不杀、不盗、不淫，就是身的修行了。

二、口常行慈，不妄不假不骗。口舌，最容易造罪业，假话说成真的，是妄语；真的说成假的，挑拨离间，是两舌。“一言兴邦，一言丧邦”，口，能像刀剑伤人；口，也能做功德，口，也能修行。有时候我们赞美别人几句，却产生无穷的影响力，所以我们要多多用口修行，不妄语，不说假话，不欺骗人。

三、意常行慈，不贪不嗔不痴。贪、嗔、痴称为三毒，是我们学佛的三种障道因缘，由于它能毒害我们心中的善法，使我们长劫受苦而不得出离，因此学佛首先要去除贪嗔痴。如果我们的心中充满贪欲、嗔恨、邪见、愚痴，就像杯子里装满了脏水，如何能接受清净的甘露法水呢？所以出家人称为“沙门”，亦即“勤息”的意思，也就是说要勤修戒定慧，息灭贪嗔痴。因此修行要常行慈悲，要不贪、不嗔、不痴。

悟是什么

追求开悟证果是一般人学佛的最高目标，“悟”是什么？悟了以后又是什么样的境界？悟的那一刻，整个迷妄的世界都粉碎了，呈现在我们眼前的是另一个世界、另一种风光；悟的时候，久远过去的事情会重新浮现在眼前；悟的时候，遥远以前的人和事也都会慢慢地向我们集中近来；悟的境界很难说，所谓“如人饮水，冷暖自知”，悟的那一刻，忽然没有时间了，也没有空间了。一切都是当然如是，本来如是。所以修道者追求悟，是一种无上的体会。那么，悟是什么呢？

一、亲证的体会。吃饭，别人不能代我们吃饱，睡觉，别人也不能代我们安睡，这完全是自我亲身的证悟，一切的好和不好，在我内心有另外一种很强烈的感受。悟，就是亲证的体会。

二、透视的能力。我们平常看世间，看人生，都是很浮面的，所谓“知其然，不知其所以然”，都只是在浮面上打转，不能深透到里面。悟了以后，看东西不再是光看表面，比方说：一张桌子，噢，桌子不是桌子，桌子是由木材做成；木材是由大树长成；大树则是由一粒种子，同时集合了阳光、空气、水分等因缘而形成。所以从一张桌子，可以看到全宇宙大千世界，这就是透视的能力。

三、自我的觉醒。悟，是自己“啊！我明白了，生从何来，死往何去？”“父母未生我之前，什么是我本来面目？啊！我懂了！”这就是自我的觉醒。

四、明白的领悟：无论看人看事，乃至于一切色、声、香、味、触等尘缘幻境，都能清清楚楚地领会，这就是明白的领悟。

如何观照

人，往往只看到别人，看不到自己。由于自我的观照不够，因此产生烦恼。假如我们懂得观照自己，常常自我反省、自我健全，修持“五停心”，就能对治烦恼了。以下介绍五种对治烦恼的观照方法：

一、以不净观对治贪欲。我们的贪欲是怎么生起的？就是爱，有爱就有贪心。假如你有不净观，就能减低贪念。比方说，贪图金钱，想到金钱有时候会引人犯罪；迷恋爱情，爱情会带给你负担、烦恼；你有美貌，美貌也只是带肉的骷髅。有了不净观，就不会受染污，你的贪美、贪爱、贪财之心就会减少了。

二、以慈悲观对治嗔恨。嗔恨是三毒之一，嗔恨心也是来自贪爱，所谓由爱生恨，人一有了贪爱之心，就想执取、占有，万一欲望得不到满足，就会生起嗔恨心。假如我们能用慈悲观来对治，就是我凡事给你欢喜，给你帮助，我就不会嗔恨你了。

三、以因缘观对治愚痴。人们由于不明白世间的事物都是因缘所成，因此产生执著。执著于我的亲人、我的财富、我的身体，因为执著，产生了无明、烦恼，这就是愚痴，这就是不能认识事物的真相。如果你懂得因缘，就会知道众缘和合的奥妙，就能转愚痴为智慧。

四、以数息观对治散乱。我们的散乱心可以用数息观来对治，就是把心念集中在计数自己的呼吸上，从一呼一吸中把我们的心安定下来。

五、以念佛观对治烦恼。我们的烦恼很多，烦恼主要来自于妄想杂念。假如我们能一心念佛，让一句句“阿弥陀佛”、

“观音菩萨”的佛号在心中持续不断，就会达到一种无念的境界，就能去除烦恼，这就是以正念来对治妄念。

禅门宗风

过去的名山大丛林一家各有一家的宗风，禅门的禅师也是一个人有一个人的风格。什么是禅门的宗风呢？

一、赵州茶，香醇醇。过去有一位赵州禅师，你去参访他，他一见到你，就叫你“吃茶去”、“洗碗去”，或者是“扫地去”。比方你问：“禅师！如何是道？”他说：“你去吃茶。”吃茶就是道。你问如何开悟，他也叫你“吃茶去”。什么是道？什么是悟？一律“吃茶去”，意思是要你不要离开生活，在生活里悟道。人离开了生活，哪里有道？何处有禅？他用吃茶表示生活里有禅，平常心里就有道，在穿衣吃饭的平常生活里才好修行。

二、云门饼，甜蜜蜜。你到云门禅师那里去，他都供养你一块饼，不管你老少贤愚，他都是一块饼。这一块饼甜蜜蜜，也是告诉你所谓道也好，禅也好，你不要只看表面，你要透彻到里面去，像他给你的饼，里面有甜蜜蜜的心意。道，也在我们的内心，那内心的证悟就是甜蜜蜜的滋味！

三、德山棒，火辣辣。你去参访德山禅师的时候，他一见到你，不管三七二十一，就一棒打上来，很多人被打得莫名其妙：我犯了什么错？一棒子打得人火辣辣的。对！他就是用这一棒来告诉你，你要当下承担，你不可以用常情去追求道，你要在心里面懂得一个回转。

四、临济喝，情真真。你一见到临济禅师，他就大吼一声。这一吼，给你一个警醒，让你找到另外的世界，让你知道禅门的宗风，要用扩大的心态去认识，要用超越的性格来包容，来接受。

禅门的宗风各有风姿与深意，引导禅僧们悟道。

禅门的生活

禅，不是佛教的专利品；禅，是我们每一个人所有的，是我们每一个人的心，是我们每一个人的生活；禅，是我们每一个人应该认识、应该拥有的修养。禅门的生活是：

一、从忍辱中去除无明。禅是一种力量，是所谓“定力”。你有定力才能忍辱，才能从忍辱里去除一些怨恨、嗔恚、无明、烦恼，才能获得安定生活。

二、从作务中培养福报。禅，不是兀兀呆坐；禅，是活泼泼的作务。比方百丈禅师的“一日不作，一日不食”，历代的禅师也都是从作务中去培养人缘，培养福报，培养功德。

三、从修福中增长智慧。一个禅者，对社会不但尽心公益、慈善，他从慈善公益的事业里面还知道回向（无论做什么善事，或称念南无阿弥陀佛，这句佛号是万德洪名，具备有万种功德，我们念佛后，将无量无边大大小小的功德收摄起来，朝向一定的目标送出去，即为回向），还知道无相，还知道扩大胸襟，这叫做智慧。禅，就是福慧双修。

四、从感恩中获得快乐。我们常常要欢喜，要快乐，欢喜快乐不一定从贪欲中获得。有时候从喜舍里面获得欢喜，从感恩里面获得快乐。禅者有种感恩的心理，对天地的感恩，对三宝的感恩，对师友、父母的感恩，对社会、国家的感恩，他从感恩里面觉得满足，觉得快乐。

五、从参禅中解脱自在。从平常参禅的修养里，他就能升华，就能扩大，就能净化，就能解脱，就能获得自由自在。

禅者的生活

世俗人常常对禅者修道的生活有向往之心。禅者的生活，究竟是怎样的生活？

一、衣单二斤半。一个禅者，所有穿的衣服、用的被单只有二斤半。也就是一个禅者物质上的东西越少越好，不像世俗人对物质的用品积聚得越多越好。我们要知道：东西越多，烦恼也就越多；物质生活越简单，烦恼越少。

二、洗脸二把半。一个修道的人，他对于处理自己的生活，非常简单。比方洗个脸，只要二把半，每天他用在自己身上的时间很有限，不像我们每天洗脸一次又一次，洗澡又要用许多水。一个修道的禅者，他的用水每天不超过七斤四两，都是有节制的。所以对物质的要求越少，他的道念就越增加。

三、吃饭三称念。到了吃饭的时候，禅者要修持一个供养，就是先要合掌，念“供养佛，供养法，供养僧，供养一切众生”，然后自己才吃。修道者为什么很严格地要遵守这个“三称念”呢？因为“未供先尝三铁棒，私造饮食九铜锤”，就是没有供养佛，而自己先享受了，护法神明有三铁棒，罚你的私心；若个己私下造饮食，贪图口福，在常住上的处罚，是要打九铜锤的。这都是戒绝禅者的私心与我执。

四、过堂五观想。是说吃饭的时候要做五种观想：我有多少功德，能受这许多供养？我积的德行有多少，能受这个供养吗？我的心有离过吗？我应该把它拿来当药食，以疗治身体饥饿？我是不是为成就佛道而食？

悟道后的生活

修道的人常常希望自己能开悟。开悟是什么样的境界？其实我们平常人也常常开悟，比方说，“啊！我明白了！”“我懂了！”“噢！原来如此！”这也是一种悟道。不过这个悟道，是从分别心上了解的，而不是真的悟道。悟道是一种真正的、很自然的了解。那么，悟道后的境界是什么样子呢？

一、精神重于物质。我们没有悟道之前，在物质上有种种的贪求、种种的计较；等到悟道以后，在物质上不会贪心执著，在精神上会不断地升华，不断地扩展。

二、智慧重于感情。没有悟道之前，可以说生活里面都是以感情为主；我爱的人、我爱的东西、我各种的所爱等。到觉悟以后，就不会以感情蒙蔽自己，而用智慧来观照，用智慧去体会。

三、大众重于个人。没有悟道的时候，都以为我最重要，别人怎么样都没有我重要；利益是我的，好处是我的，别人有没有、别人的死活我都不管。等到悟道了以后，就会觉得生命原来是一体的，大众甚至比自己还重要。

四、布施重于接受。悟道之前，什么东西都贪求，什么东西都要有；至于别人有没有，则不关我的事。悟道以后，不再想自己要拥有，自己要贪取，自己要执著，他反而想到分一点欢喜给你，分一点所得给你，让你也能获得利益，所以悟道以后是布施重于接受。

悟道之前，以自我为中心，生活是黑暗的、愚痴的、苦恼的；悟道以后呢，都是为别人的、利他的、普遍的、普济的，人生就比较快乐。

宗教家内心的轻重分别

一个宗教家内心的轻重分别是什么?

一、以是非为重，利害为轻。宗教家的心中，只讲究是非，不太重视利害；是的他就肯定是的，非的他就认定是非的。他把对与不对分得很清楚，善恶也分得很清楚，好坏也分得很清楚。不像有的人是非混淆，不知轻重，甚至反而以是非为轻，利害为重，以自己的利害关系为重。宗教家是把利害看得很轻，并不重视是否对一己有利，只重视“是”、“不是”。

二、以实践为重，空谈为轻。一个真正的宗教家是讲究实践的，因为道和修行不是高谈阔论的，不是空谈的，它主要的是你要去实践。所谓“说道一丈，不如行道一尺”，以五戒来说，你要去实践，空口谈论没有用，不过是画饼充饥而已。空谈是不重要的，实践才重要。

三、以道情为重，人情为轻。宗教家也有感情，比方慈悲、博爱，对你种种的关心也是一种情谊，但这种情谊要建立在佛道上，而不是因为要利用你才巴结你，才关心你。佛道上建立的人情当然不是对个人有利，宗教家对人情不会看得很重。

四、以佛法为重，世俗为轻。在佛教里面，要以真理为重，把世间的因缘看得比较轻。因为世俗是易幻易灭，不切实际，唯有永恒的真理、佛法才值得宗教家去追求、重视。

佛教徒如何贡献社会国家

现在的社会信仰佛教的人越来越多，作为一个佛教徒，除了自己的信仰以外，对国家社会应该做出什么样的贡献呢？这是一个非常重要的课题，我有十点意见：

一、要帮助生产。过去有人说增产报国，佛教徒也一直在以生产报效国家。如百丈怀海禅师提倡“一日不作，一日不食”的农禅生活，就是对国家的农工生产做贡献。过去的寺院向以种植农田，垦殖山林，达到自给自足的目的。现代的佛教则进一步致力于推展文化教育等工作，从心理的建设，促进社会的安和乐利，这也是生产，这是文化智慧的生产。

二、要开发交通。过去的佛教徒很喜欢做一些修桥铺路等利益行者、予以大家方便的善事。今天我们的国家如果想早日成为更富强的国家，就必须重视交通的通达流畅。我们佛教徒过去有很优良的传统，很多的道路桥梁都是佛教徒建造的，我们不要忘记这种美好的传统，要发扬光大。

三、要保护生态。过去的佛教徒对于山林及生态的保护都非常尽心尽力，现在的佛教徒也应该对环保、对生态做出良多的贡献。

四、要利济行旅。施茶、施灯等利济行旅的善事，也是过去的佛教徒乐于发心的善行。现在我们也应该继续这样的布施，借着引路、导游、亲切接待等，多给行旅人方便。

五、要文化建设。现在一般坊间，到处可看到佛教出版的杂志、经书，这是因为一般社会大众已经普遍共识到，佛教用文化教育来指导社会大众，提升人类的道德观、慈悲心，实有其重要性与时代性，这也是现代佛教对国家所提供的极重要的贡献。

六、要安住军民。自古以来，佛教徒对于国家的驻军帮助很多；在民众受灾、受苦难的时候，给民众的临时救济安住也有很多的贡献。美国洛杉矶有一个社区发生大火，焚烧了一两天，在社区附近的西来寺就立刻向电台发出消息，欢迎灾民到西来寺栖身避难，获得西方人士很大的赞美。所以佛教徒对于安住军民应该要持续努力。

七、要兴办教育。过去的丛林就是学子研究学问、读书的地方，现在的教育形态不一样了，佛教也要跟着时代进步。

八、要医疗救济。佛教徒对于社会上的贫苦大众，不但要予以疾病上的医疗，也要予以穷苦的救济，这是慈善公益，非常重要。

九、要财务运转。现在的青年学生，没有钱读书，我们可以给他奖学金、贷学金；青年创业，缺少基金，我们可以给他创业的贷款、创业的基金，让社会大众因佛教徒而得到财务上的方便。

十、要科技文学。古代的佛教徒对于社会科技的贡献很大，对文学的造诣贡献也很大，今后的佛教徒要多多发展科技文学上的贡献。

佛光山的体制

不少人到过高雄佛光山朝山礼佛，乃至参加佛光山所举办的信徒讲习会及各种活动，他们看到佛光山的诸多硬件建设、修行体制，都感到好奇，很想了解：佛光山有些什么体制，让佛光山的徒众遵循而不逾矩呢？

一、徒众不私有。佛光山所有的徒众没有个人的徒弟，所有的弟子都是公家的，只以第一代、第二代、第三代为序。因为不私收徒弟，徒众之间就不会为了谁是谁的徒弟而产生纷争。

二、金钱不储蓄。佛光山所有的人都不可以有私人的财产，私人不可以储蓄金钱，金钱都归于常住。所以每个徒众弟子都没有钱，也就没有个人的妄想。例如，如果徒众弟子拥有私人财富，我管教他，他可能不服气地说：“我自己到外面去建一座道场。”此人可能就从佛门流失。徒众弟子没有金钱，并不代表他们的生活没有保障，而是他们的衣、食、住、行、疾病、留学、参学、拜访，甚至于剃度以后回家探望父母的礼品，我们都会替他准备。在佛光山，一切金钱归于常住，个人不私存，他们在常住健全的制度下享有最完善的福利。

三、人事要调动。依“流水才是活水，滚石永不生苔”的原则，佛光山的人事是调动的。每一座别院、分院、讲堂、布教所都不是个人所有的，今年在这里做住持，明年可能调派到另一座寺院去，因此每个人都不会想到哪个寺院是我个人的。

四、序级有制度。佛光山的弟子，从清净士、学士、修士到开士，逐级升等，是依每一位徒众在道业、事业、学业上的努力而评核序级的。

因为佛光山有这么好的体制，大家共识共遵，所以佛光山能够和谐地顺利发展。

佛光山的处事原则

一九六七年，我初到高雄县大树乡麻竹园建设佛光山，至今大家都非常和乐地在一起读书、修道，彼此没有纷争。很多人都感到讶异，佛光山的大众，为什么能如此和谐地相处在一起？我把佛光山处事的原则以四点分别说明：

一、光荣归于佛陀。在佛光山，每一个人做事的成绩表现，所有的成果都不归功于个人，而将一切光荣归于佛陀。因为，我们都是仗佛的光明，仗佛的庇佑而成事，所以要将一切荣耀都献给佛陀。

二、成就归于大众。在佛光山讲究集体创作，不标榜个人的特殊贡献，因此个人不居功，所有的一切成就都是大家共同努力的结果，所以一切成就归于大众。

三、利益归于常住。佛光山平时所收的油香、善心人士所捐献的善款，乃至过年期间徒众所收的红包，都不是私人所有，都是归于常住，归于公家。在佛光山上，真正做到涓滴归公，因此就没有利益的争执。

四、功德归于信徒。假如说佛光山对于社会大众所做的贡献，有了一些功德，这些功德是谁的呢？我把它归于信徒，因为这都是十方信徒平时奉献心力与金钱的结果。因为有他们的布施，他们的捐献，佛光山才能成就事业，如信徒捐款给佛光山文教基金会、佛光山慈悲基金会，佛光山才能做出很多文化、教育、慈善方面的事业，才能利益社会大众。

佛光山今日之所以能够蓬勃发展，是因为佛光山有很好的处事原则。

佛光会会员四句偈

佛教界有一个世界性的人民团体，叫“国际佛光会”，目前已经有三百多个分会，计有十万人左右的会员遍布在世界各地。佛光会平时除了举办一些公益性活动，以服务社会大众外，尤其重视会员的福利与修行。佛光会员怎样修行呢？佛光会会员四句偈就是他们修行的指南：

一、慈悲喜舍遍法界。修行最重要的是修心，首先我们希望每个佛光会会员心里都充满了慈心、悲心、喜心、舍心等“四无量心”。然后进一步把慈悲喜舍的四无量心遍满于法界之中，让世界到处充满祥和，让佛光普照人间。

二、惜福结缘利人天。怎么惜福？就是爱惜自己的福德因缘，不要浪费自己的福报。宇宙之间，一滴水都有它无穷的功用，都值得我们珍惜，所以不要随便浪费。此外，要懂得广结善缘，要不吝于给人一点欢喜，给人一些帮助，借着结缘来普利人天，让欢喜、利益遍满世界。

三、禅净戒行平等忍。我们平常参禅念佛，是为了明心见性，修养我们的道德人格。持戒守法正是让我们心地光明磊落的一帖良药，所以我们要遵守法令，要持守戒行，同时更要有平等心、忍耐力来面对是是非非、好好坏坏的人和事，能够在逆境中利益别人、成就自己。这是最大的修行。

四、惭愧感恩大愿心。我们修行，最重要的是要有惭愧心，《佛遗教经》说："惭耻之服，无上庄严。"惭愧就像一件衣服，穿了惭愧的服装是最庄严的。无论你到世界上任何地方，逢人常怀"对不起"、"我错了"、"我很抱歉"的惭愧心，什么问题都能解决，人就怕不知惭愧。此外还要有感恩心，感恩就是富有，我们平常不肯对别人感恩，就表示我们很贫穷；你如果自觉富有，你就肯感谢别人。我们还要发大愿心，愿国泰民安，愿世界和平，愿大家得度。

这个佛光会会员四句偈，不仅是身为一个佛光会会员要时时谨记，如是修行，就是平常的每一个人也可以作为座右铭，来提醒自己。

佛光山的人生观

常有人问我：凭着什么理念，在台湾开创佛光山？事实上，我创建佛光山的人生观是本着四点：

一、以无为有。世上的一般观念都是从有形的角度去看，例如"我的徒弟"、"我的金钱"、"我的人事"。你从有的角度看，只看到一半，因为有是有限有量，有穷有尽的。我本着以无为有，我没有钱，大家知道我没有钱，就肯帮忙我；我没有人手协助，大家就肯来为我助力。所以，因为我无，无反而无穷无尽，无量无边。因此，我感觉到无比有更多、更好、更大。

二、以退为进。一般人只知道要向前走，可是前面的路人很多，很拥挤，这时如果能往后退，留一点空间去思考去规划，或许可以找到更宽广的前程。有一首诗偈形容农夫插秧，意思表达得很好：“手把青秧插满田，低头便见水中天；身心清净方为道，退步原来是向前。”农夫插秧是往后退的，当他退到最后，一畦田的秧苗就插好了。所以退是一种回转，也是往前进的意思。

三、以空为乐。一般人以为没有了才叫做空，其实不然。例如我们住房子，空间大一点，我住在里面就能舒服一点；花园大一点，我可以在里面散步；马路宽大一点，车子就不壅塞；我的心量宽广一点，我也不会那么斤斤计较，对人事那么辛苦。

四、以众为我。就是能把大众都看成是我的，你肯为自己努力，就会为大众努力。我们每一个人都应该建立这样的人生观，使自己更豁达、快乐。

在生活中修行

修行，不一定要到寺院，也不一定要像老僧入定，其实在我们的生活里，做人处事都应该要有修行，有修养。日常生活的修行包括：

一、衣食住行的修行。例如，穿衣只要朴素、保暖就好；吃饭，只要吃饱就好；住，只要空气流通、安静就好；行，“你骑马来我骑驴，看看眼前不如你；回头一看推车汉，比上不足下有余”。因此，在衣食住行里，只要满足、配合我们的身份，就是修行。

二、身心活动的修行。一个人每天手要做事，脚要走路，眼睛要看，耳朵要听，心里要想，要分别，所以在身心的活动里，要做到手不打人、嘴不骂人、眼不乱看。所谓君子“十目所视，十手所指”，举心动念都应该是合情、合理、合法的。

三、人际关系的修行。在人际关系里如何修行？人我相处时，不要看不起人、嫉妒人、欺负人，应该尊重别人。抱持你大我小、你对我错、你有我无、你乐我苦的观念，就能促进人际的关系。

四、金钱财物的修行。自己不要太过自私，太过贪心，喜舍是很重要的，金钱不是一切。金钱可以是毒蛇，也可以是良药，看使用者的心态。要会用钱，不要成为钱财的奴隶，才是财物之利。